肘井学 スタディサプリ講師

10代のきみに読んでほしい人生の教科書

豊かに生きるための33のヒント

KADOKAWA

はじめに

人生の分岐点ともなる10代の生徒たちを教え始めて、20年近くがたちます。ライブ授業や映像授業、そして学習参考書まで合わせると、何万・何十万人という生徒を教えてきたことになります。その間、**受験勉強を通して、いろいろな価値観を全国の生徒たちに伝えてきました。**

受験の世界では、東京大学の合格者が一番すごくて、他にも早稲田大学や慶應義塾大学に受かることが優秀だと判断されて、合格者数がカウントされます。しかし、本当にそれだけでよいのでしょうか。

確かに、大学受験は、18歳や19歳の時点での学習の成果を試す1つの切り口になります。しかし、そこでの成功が、将来の成功を保証するものではありません。**大学以外にもたくさんの世界がある**し、**勉強以外にも大切なことはたくさんあります。**勉強の重要さに加えて、勉強以外の大切なことを伝えるために、本書を書き下ろしました。同時に、人生は10代ですべてが決まるようなこともありません。20代は、さらに大きな分岐点になります。昔の教え子は、もう多くが20代、30代です。その子たちにも、あらためて人生の指針を伝えて、エールを送りたいという気持ちも、本書を執筆するきっかけになりました。

大学受験で第1志望に受からなくても、人生はまだまだ続きます。だから、自分の可能性を決してあきらめてはいけません。同時に、大学受験で第1志望に受かっただけでいつまでも舞い上がっていると、社会に出る前後で手痛いしっぺ返しが待っているでしょう。

10代の10年は、1つの分岐点になります。この10年間をときに大きな視点で考えて、ときに目の前のことに没頭することで、夢をかなえたり、豊かな人生を送ったりすることができます。

また、20代以降の人が本書を手にとっても、実行できることは必ずあるはずです。**人生に手遅れという瞬間はなく、今が一番若いという事実をかみしめて、ぜひ行動に移してください。**

同時に、10代の子を持つ保護者の方も意識して、本書を執筆しました。**子育てというのは、これといった正解がない分、いつの時代でもどこの場所でも難しいものです。そのときどきの親子・夫婦の納得解を見つけてやっていくしかありません。**多感な10代の子を持つ保護者の方にも、ぜひ本書を手にとっていただき、子育ての指針にしていただけたら幸いです。

肘井　学

目次

第3章 なぜ勉強するのか

第4章 20代で一番大事なことを知っておこう

第5章 仕事のことを少し知っておこう

第6章 学校って、なんで行くの？

第7章 生活力の大切さを知っておこう

第8章 大切な価値観を身につけよう

第9章 これからの時代を生きる

第10章 豊かな人間関係をつくる

第11章 心を満たす方法を知ろう

第1章

10代で描いた夢は実現しやすい

その1 20年のヴィジョンを描こう

その2 夢は途中で変わってもよいことを知っておこう

その3 夢がない時期は、目の前のことに夢中になろう

その1

20年のヴィジョンを描こう

■ 20年かけてなりたい自分を想像する

この本を読んでいるあなたは、今、何歳でしょうか？ 13歳なら33歳までのヴィジョン、16歳なら36歳までのヴィジョン、24歳なら44歳までのヴィジョンを描いてみてください。ようは、**20年かけてなりたい自分を想像**します。

1年がんばっただけでは、たいして変わらないかもしれません。しかし、10年続けて何かに取り組んでみてください。そして、20年あきらめずに取り組んでみてください。20年もあきらめずにがんばれる人はなかなかいません。20年後の自分を想像してがんばれる人もなかなかいません。だからこそ、20年あきらめずに見続けた夢は、何らかの形で日の目を見ることになります。

どうせなら、自分の一番やりたいことを選んでください。大人が想像もつかないような大きな夢を見ることは、10代の特権です。**その夢が大きければ大きいほど、自分の成長度《せいちょうど》合《あ》いも大きくなります。**

■本田圭佑選手も、20年のヴィジョンで夢をかなえてきた

サッカーの本田圭佑《ほんだけいすけ》選手は、ふつうは口にするのもはばかられるような大きな夢を公言《こうげん》することから、ときにビッグマウスと揶揄《やゆ》されて、批判の的《まと》になってきました。ですが、もう何十年もサッカーファンである私にとっても、その存在は特別で、サッカーという枠《わく》を超えて、世の中に影響を与え続けています。その昔は、サッカー日本代表が、ワールドカップに出ることすら夢だった時代から、ワールドカップに出ることが当たり前の時代になりました。さらに本田選手は「ワールドカップ優勝」を公言して、日本代表をけん引してきた、時代を変えた一人だと思います。

その本田選手は、小学6年生のときの作文に、「世界一のサッカー選手になりたいというよりなる」、「ワールドカップで有名になって、ヨーロッパのセリエA《アー》に入団します。

レギュラーになって10番で活躍します」という夢をつづります。小学6年生といえば、11歳から12歳。本田選手が、実際にセリエAのACミランに入団してエースナンバーの10番をつけたのは28歳のころ。11歳のときに思い描いた夢が、17年後の28歳のときに実を結ぶ形になっています。まさに、20年のヴィジョンが、とてつもなく大きな夢をかなえることになりました。

私自身、はじめて夢を見たのが19歳の浪人時代のことでした。人より遠回りした分、何か大きなことをやりたいという思いがめばえてきました。それこそ、今の努力をある道で何年も続ければ、何か大きなことができるのではないかと思うようになっていました。そのとき思い描いた一番大きな夢が、作家になりたい、物書きになりたいという夢でした。そこから紆余曲折《うよきょくせつ》をへて、はじめて自分の本が出版されたのが、35歳のときです。19歳のときに描いた夢が、16年後の35歳のときに実を結びました。まさに、20年のヴィジョンが、大きな夢をかなえることになりました。

■ 20年かけて成し遂げたい夢の見つけ方

20年かけて成し遂げたい大きな夢をどう見つけるか？　それは、あなた自身の心に聞いてみるしかありません。あなたの話を聞いている人が誰もいない場所を想像してみてください。そこにはあなた一人しかいません。「うるさい」とか「無理だ」とか「やめとけ」とか、否定する人もいません。ただただ、遠くに向かって、あなたの心の声を響かせてください。それが、あなたの一番やりたいことになります。

■ 夢を見つけたら、最も親しい人に打ち明けてみる

夢を見つけたら、あなたが一番信頼する人に、その夢を打ち明けてみてください。人の夢を否定しない、馬鹿にしない、信じる気持ちが強い人です。私も浪人時代に、夢を打ち明けた友人がいます。その友人だけは、当時の絵空事《えそらごと》のような私の夢を誰よりも信じてくれました。今でも付き合いが続いている親友の一人です。

まとめ

20年かけてなりたい自分を想像しよう。夢の大きさで、自分の成長度合いの大きさも決まる。10代で描いた夢は実現しやすい。

その2

夢は途中で変わってもよいことを知っておこう

■ 夢を見て、何かに夢中になることに価値がある

夢という言葉を聞くと、それがかなったか、かなわなかったかということばかりに目がいってしまいます。結果を見ると、最初に見た夢はかなわないことがあるのも事実でしょう。では、その夢がかなわなかったら、それまでの時間がすべて無駄になってしまうのでしょうか。何となくわかるとおり、それまでがんばった時間も労力も、けっして無駄ではありません。では、夢を見てがんばって、その結果かなわなかった場合には、いったい何が残るのでしょうか。

■数値で測れない力こそが、人生を左右する

数値で測れない力のことを、非認知能力といいます。反対の意味の認知能力が、一般的に数値で測れる力のことです。たとえば、ＩＱ（知能テスト）や定期テスト、高校受験や大学受験などの点数で測れるものをさします。

一方で、非認知能力とは目に見えない数値化できない力です。この力こそ、大きな成果をあげることや、夢をかなえるのに重要視される能力と言われています。では、この非認知能力には、どのようなものがあるのでしょうか。

非認知能力の一例

継続力／コミュニケーション能力／自制心／創造力／動機づけ／自信

どうでしょうか。いずれも、何かを達成するには欠かせないものばかりなのが、おわかりでしょう。**継続力**がないと、成し遂げられるものなどありません。みんながあきらめたときにも、一人だけやり続けた人間こそが、何かをつかめるものです。

何かをなすときには、人との**コミュニケーション**は不可欠です。一人だけで達成できることなどたかがしれています。大きなことを達成するには、複数の人との濃密なコミュニケーションが欠かせません。そして、何かを達成するには、誘惑に負けずに、毎日淡々と必要なことをやる**自制心**も欠かせません。

創造力とは、文字どおりゼロから何かをつくり上げる力です。**イノベーション**と呼ばれる、従来の世界にはなかったサービスをつくり上げることで、世の中が大きく変化してきました。

動機づけとは、**モチベーション**です。何をやるにしても、このモチベーションが高くなければ始まりません。壁にぶつかったときにも、このモチベーションがいかに高いかで、先に進めるかどうかが決まります。そして、**自信**とは文字どおり、自分を信じる力です。

逆境に立たされても、自分を信じることができるかどうかで、大きく成果が変わってきます。

これらの能力が、何をするにしても、いかに重要かがわかっていただけたかと思います。では、どうやったら、これらの非認知能力を伸ばすことができるのでしょうか。

■ 非認知能力は、夢を追う過程で身につけることができる

じつは、この最重要ともいえる**非認知能力は、夢を追いかけてがんばる日々で、高めていくことができます。**一朝一夕《いっちょういっせき》でかなえられる夢などありません。仮に形にならなくても、夢を見てがんばる日々は、確実に**継続力**や**自制心**を磨き上げてくれます。夢をかなえるためには、いろいろな人の協力や、指導、それから仲間の存在が必要でしょう。たとえ形にならなくても、時にぶつかり合いながら夢を追った日々は、確実に**コミュニケーション能力**も磨いてくれます。

夢を追う日々で、平坦《へいたん》な日などなく、結果がついてこずに落ち込み、望むような展開にならないことばかりです。そんなときこそ、**自分を信じる力**、**苦しいときこそ、モチベー**

ションを高く保つ心の強さが身につきます。たとえ目に見える結果が出なくても、夢を追う日々は、己を大きく成長させてくれます。

■ 自分の適性がわかる

人にはそれぞれ適性というものがあって、この適性がない場所でがんばっても結果が出ないので、とても苦しくなってしまいます。最初に見た夢がかなわなかったとしても、そこでの適性がなかっただけです。その失敗は自分をより適性のある世界へと導いてくれます。また、なぜかなわない夢を見る人が多いのか、その理由を説明していきます。

■ 好きなことと得意なことが違う人が多い

最初に見る夢は、多くの人が好きなことを選ぶでしょう。この好きなことと得意なことが重なっていればよいのですが、みんながみんなそういうわけにはいきません。好きなことであっても苦手な場合は、やはり途中で挫折をすることが多くなります。好きというのは、そもそも主観的なものです。たいていは環境や親の影響で、そのことに興味を持っている可能性が高くなります。それは、必ずしも得意であることや、その分野での適性を約束してくれるものではありません。では、夢がかなわなかった場合、どうすればよいのでしょうか。

■　1つの夢を見てがんばれた人は、2つ目の夢を見てがんばれる

そうした場合は、好きとまではいかないけれど、**少し興味があって得意なところで、新しい夢を見てがんばればよい**のです。**何より、1つの夢を見てがんばれた人には、2つ目の夢が訪れます。2つ目の夢を見てがんばれた人には、3つ目の夢が訪れます。どこでその夢がかなうかはわからないけれど、自分の可能性をあきらめないことが重要なのです。**夢を見てがんばれた人には、次の夢を見る力が授けられることを覚えておいてください。

まとめ

夢は途中で変わってもよい。1つの夢を見てがんばれた人には、2つ目の夢が訪れる。どこでその夢がかなうかはわからないけれど、少しずつ夢に近づいていることを知っておこう。

その3

夢がない時期は、目の前のことに夢中になろう

■ 夢という言葉を避けてきた日々

ここまで、夢についてたくさん語ってきました。ですが、かくいう私も、夢という言葉が好きになれずに、どちらかというと敬遠してきた時代のほうが長かったように思えます。夢について熱く語られても、常に冷めた目で眺めてしまい、「あなたと私は違うよ」と、いつも心を閉ざしていました。何かに夢中になれずに、「これだ」と思えることなど、何もなかったのです。**そんな私でも大きく変われたのが、大学受験で第1志望校に向けて、毎日コツコツとがんばる経験をしてからでした。**

■ 目の前のことに夢中になってみる

大きな夢を抱けるようになったのは、意外にも目の前のことに必死になる日々がきっかけでした。**目標に向かって必死に生きる毎日は、心の充実を届けてくれます。そうした精神性こそが、大きな夢を抱く力を授けてくれました。だから、今とくに夢なんて考えられそうにもないという人は、ぜひ目の前のことに夢中になってみてください。**まだ何も見当たらないという人は、「**とりあえずやってみる**」の精神をおすすめします。

■ 部活動に夢中になってみる

10代で夢中になれるものの1つ目として、部活動をおすすめします。部活動は、上達しなかったり、顧問に嫌われたり、チームメイトとうまくいかなかったりします。壁にぶつかったり、辞めたくなったりの連続だと思います。そういった日々を乗り越えることで、「その2」で紹介した、非認知能力を伸ばしていくことができます。**非認知能力を伸ばしていくことこそ、いつの日かやって来る夢の実現に必ず役立つ**ので、目の前の部活動に夢中になってみてください。続いて、「とりあえずやってみる」の精神でのおすすめの2つ目に移ります。

■受験勉強に夢中になってみる

「とりあえずやってみる」の精神で2つ目におすすめなのが、受験勉強です。今これを読んでいるあなたが中学生なら高校受験、高校生なら大学受験のためにがんばってみることをおすすめします。理想は将来の職業につながる過程として大学をとらえることです。しかし、そんなに遠くのことをイメージできないという方は、大学名や響き、イメージだけで決めてもかまいません。とりあえずの精神で偏差値の高い大学をめざすのでもかまいません。そうして、高みに目標を定めたら、あとは目の前の1日、1日を全力で勉強します。

■早稲田大学をめざしてがんばった日々

私自身の話をすると、前述のように、そんなに大それた夢を抱けるような高校生ではありませんでした。父親も兄貴も早稲田大学だったから、とりあえずは早稲田大学に受かることが目標となっていました。早稲田合格という目標に向けて、毎日英語・国語・日本史のノルマを決めてがんばる日々でしたが、現役のときは、第1志望の早稲田には、残念ながら落ちてしまいました。ここに受かったら行くと決めていた上智大学は、１次試験は合格したものの、２次試験には落ちてしまいました。例年１００％の合格率だったその試験は、私の受験の年だけ96％で、なんと残りの４％に含まれてしまったのです。もう１つ早稲田以外にも合格したら行くと決めていた慶應義塾大学は、補欠合格の候補には引っかかりましたが、これまた無念にも、繰り上げ合格にはぎりぎり届きませんでした。すべり止めで受けた大学には合格しましたが、自分の出来にまったく納得がいってなかったので、もう1年がんばろうと、浪人の選択をすることになりました。

■人生で一番輝かしい瞬間は、挫折から立ち上がって前に進むとき

今振り返ると、合格した大学にそのまま行っていたらなあと思うこともあります。大学そのものを目標とせずに、あくまで通過点としてとらえるのが、理想なのでしょうが、当時の私にはどうしてもできない選択でした。何より、自分に納得がいかずに、「**まだ自分はこんなもんじゃない、もっとできるはずだ**」という強い思いがありました。そして、

「ギリギリで落ちた」なんて言い訳をして、これから先を過ごしたくなかったのです。あらためて考えると、浪人時代のおかげで、物書きの夢を見ることができたのですから、やっぱり当時のこだわりを貫き通して正解だったのかもしれません。

その後、浪人時代を過ごすうちに、いつの間にか第1志望になった慶應義塾大学に合格できたので、当時の自分には、大きな自信を与えてくれました。けれども、**浪人時代が自分にくれた最大のギフトは、第1志望の大学に受かったこと以上に、挫折から立ち上がる力でした。**その後も数々の挫折を味わうわけですが、浪人時代の挫折から立ち上がって、もう1回、もう1回の精神で再び挑戦する姿勢は、確実にその後につながっていった気がします。どれだけ失敗しても自分の可能性をあきらめなかったのは、あの浪人時代のがんばりが原点でした。続いて、受験勉強を終えた人や、わりとスムーズに大学まで進めた人に、とりあえずの精神でおすすめの3つ目に移ります。

■ 留学を目標にしてみる

今、大学生の方や、すでに受験勉強を終えた人は、とりあえず留学を目標にすることをおすすめします。私自身の経験を踏まえても、同世代の人たちの話を聞いても、**若いうちにやっておけば良かったことの上位に挙《あ》がるのが、留学になります。**

■なぜ留学がやらなくて後悔した上位になるのか

留学が、やらなくて後悔した上位に挙がるのは、**20代、30代、40代と先に進むにつれて、どんどん留学するのが難しくなるから**でしょう。20代になると社会人生活がスタートします。30代、人によっては20代から、結婚生活がスタートします。仕事やパートナー、子どもの存在などにより、**自分だけの意思で自由に動ける時期が、じつは限られていて、それは思ったより短い**ことに気づくでしょう。つまり、最も身軽で動きやすい時期が、**10代や20代前半と思われます。**だからこそ、この10代、20代の身軽な時期に、留学することをおすすめします。この経験は、いつの日か花開くあなたの夢を、必ずや後押ししてくれることでしょう。

まとめ

まだ夢なんて見られない人は、目の前のことに夢中になってみる。とりあえずの精神で始めたことが、その後に実現するかもしれない夢の第一歩になる。

第2章

悩みは心の持ちようで解消できる

その4　今ここだけがすべてじゃないと知ろう

その5　人と違っていることはよいことだと知ろう

その6　幸せとは「なる」ものではなく「気づく」もの

その4

今ここだけがすべてじゃないと知ろう

■ 世界は広いことを知ろう

この本を読んでいるあなたに、ずっと覚えておいてもらいたいのが、**今ここだけがすべてじゃない**ということです。落ち着いて考えてみたら当たり前のことなのに、どうしたって10代や20代の若いうちは、今いる世界がすべてで、今いる世界のルールが絶対で、今いる世界の人間関係がすべてだと思い込んでしまいます。でも、決してそんなことはありません。学校でも、会社でも、家庭であっても、**今いる世界がすべてじゃないこと、あなたが輝ける世界は、他にも必ずあることを知っておきましょう。**

■『逃げるは恥だが役に立つ』の真意

「逃げ恥」と略されて、エンディングの「恋ダンス」が有名になったテレビドラマのタイトルです。なかなか就職の内定が出ず、派遣の仕事も雇《やと》い止《ど》めにあった主人公が、ふとしたご縁から家事代行の仕事を見つけて展開されるストーリーです。タイトルの「逃げるは恥だが役に立つ」は、もともとハンガリーのことわざで、「**恥ずかしい逃げ方だったとしても生き抜くことが大切**」という意味のようです。

■東京から静岡県に逃げた日

かくいう私も、19歳で札幌から東京に上京してきて、何もかもがうまくいかなかった25歳くらいのときに一時避難とばかりに、静岡県に逃げ出したことがあります。表面上は、東京在住時はじめて就職した会社の*辞令で、静岡県での勤務が決まったのですが、内心では東京での暮らしに疲れ切っていたので、そのタイミングでいただいた静岡での勤務は、本当に*渡りに船のようでした。

■ 静岡県でのいやしと回復の日々

東京という街は、可能性もチャンスもたくさんあるけれど、同時に誘惑も多いので、道を踏み外すことも多い場所です。東京で心身ともにすり減っていた当時の自分にとっては、静岡県での5年間は、本当にいやされる日々でした。再び東京でやってやろうという気力を取り戻してくれる、とても貴重な時間でした。欲望が渦巻いている東京とはうって変わって、静岡県は気候も温暖で、優しく、慎《つつ》ましい人たちにも囲まれて、心身ともにいやされる空間でした。

直近の私を知っている人からは、なかなか想像できないかもしれませんが、私にだって、逃げた経験があるのです。だから、今いる場所があまりにも苦しかったら、いったん逃げても、それは決して間違いでも悪いことでもなく、正しいことだとわかってほしいのです。私の友人たちにも、専門学校や大学への進学で東京に出てきて、就職したあとに、会社を辞《や》めて、地元の札幌に戻った友人はたくさんいます。そうして、当時より精神的に豊かな人生を送っている人もたくさんいます。

■学校も絶対ではない

たとえば、10代のころは今通っている学校という場所が絶対であるかのように思い込んでしまいます。もちろん、自分の所属する場所に適応する努力は大切です。けれども、これから所属するどんな場所であっても、絶対な場所などなく、自分を追い詰めすぎてはいけないことを覚えておいてください。場所のせいにばかりするのも問題ですが、それでも世の中には理不尽な世界がたくさんあるものです。

■職場も絶対ではない

10代後半や20代で所属する会社にも、同じことがいえます。世の中には、たくさんの職場がありますが、実際ピンからキリまでさまざまです。親身に従業員の健康や精神衛生に配慮してくれる職場もあれば、*ブラック企業のように社員をこき使う職場も、まだまだ存在しています。どんな会社であっても、絶対の会社など存在しないから、仕事においても、自分を追い詰めすぎてはいけないことを覚えておいてください。世の中には山ほど会社も仕事もあるのだから、どうかその会社の基準がすべてとは思いこまないようにしてください。

■家族も絶対ではない

10代のころは、親に養ってもらう立場なので、親の言うことをしっかりと聞くことが大事です。一方で、当然ですが、親も人間です。人間だから、誰でも間違うことがあります。だから、親も絶対ではありません。自分を育ててくれた家族も、これから自分がつくる家族も、絶対ではありません。だから、家族を理由にしてあまり思いつめすぎないことも覚えておいてください。今の家族に感じる理不尽さや窮屈《きゅうくつ》さは、この先あなたが自立していく力になります。もっとも、自分が親になると、こういう意図で親がやってくれていたのだと気づかされる瞬間がいくつも出てきます。

■逃げ方も知っておく

では、こうした一見すると絶対的なものから逃げる場合は、どうしたらよいのでしょうか。おすすめは、**次の世界をしっかり決めてから、計画的に動く**ことです。たとえば、今所属する場所が学校で、いじめなど、あまりに理不尽な目にあっている場合は、転校先を決めてから辞めることです。職場であれば、転職先を決めてから辞めます。家族の場合は、あなたが10代なら自分で生きていける力を身につけて、早々に家族から自立するとよいでしょう。

もっとも、心身ともに疲弊しきっている場合は、すぐにその場を離れて、いったんしっかり休んでから、次の世界に向けて、動いてみるとよいと思います。

まとめ

今ここだけがすべてじゃないと知っておこう。学校も、会社も、家庭も絶対なものではなく、苦しいときに逃げるのは恥でもなんでもないことを覚えておこう。

---

*辞令……会社が従業員に対して交付する、昇進や勤務場所などを通知する書類のことです。
*渡りに船……困っている状況のときに、タイミングよく思いもかけない助けがあることを指す言葉です。
*ブラック企業……休みがない、給料が不当に低いなど、従業員を劣悪な労働条件で酷使して、人権や法令を踏みにじる企業のことを指します。

その5

人と違っていることはよいことだと知ろう

■周りの人と同じでなくてはいけないの？

最初に質問です。あなたは、周りの人と違いますか？　答えは、もちろん「はい」です。**みんなそれぞれ人と違うのが当たり前です。**まずは、親が違います。次に、兄弟がいるかいないかも違います。性別も違います。育った環境も違います。体格も違います。足の速さも違います。性格も違います。好き嫌いも違います。

一人ひとり違っていて当たり前なのに、大人ですらそのことを忘れて、人と違っていることで落ち込んでしまったり、人と違うからという理由で誰かを攻撃したりします。でも、これらのことが間違っているのはすぐにわかるはずです。なぜなら、人は生まれながらにして、一人ひとり違うからです。

■ダイバーシティって何のこと？

このような一人ひとりの違いのことを、ダイバーシティ（多様性《たようせい》）といいます。ダイバーシティを知って、**一人ひとりの違いを理解して受け入れる**のは、これからの社会を生きるうえでとても大事なことです。世界を見渡すと、肌の色も違う、話す言葉も違う、宗教も違う人たちばかりです。そういった一人ひとりの違いを受け入れて尊重するのは、とても大切なことです。

■ダイバーシティは友情にも恋愛にも役立つ

ダイバーシティを理解することは、じつは友情や恋愛にも役立つことがあります。たとえば、あなたと友人が、別の意見を持っているとしましょう。そのときに、正しいか間違っているかの視点しかないと、お互いに正しさを主張するだけで、らちがあきません。そんなときにダイバーシティを理解していると、物事は単に正しいか間違っているかで判断するものではないとわかります。そう、**あなたと友人の意見が異なっているのは、おか**

しなことではなく、むしろふつうのことです。

恋愛にも、ダイバーシティの理解は役立ちます。あなたと恋人の意見が異なったとき、どう思いますか？　私と価値観が合わないとか、私のことを好きではないのかもしれないなどと落ち込んでしまうかもしれません。しかし、これらの考えもおかしいことはわかるはずです。人と人の間では、意見や考えが異なるのはよくあることです。違っていて当然で、**その違いをお互いに受け入れたうえで、お互いの合うところを大事にしていけばよい**のです。

■ コンプレックスも解消できる

少し話が変わりますが、あなたには、コンプレックスがありますか？　コンプレックスとは劣等感《れっとうかん》という意味で、人より自分が劣っているのではないかと不安になる気持ちのことです。そして、そのコンプレックスは、人と違うからという理由だけで、抱いていませんか？

最初に説明したとおり、そもそも人は生まれながらにして違います。その違いこそが、あなたの個性なのです。

人と違うことは、とても大事なことです。人と違うからこそ、違いをつくり出せる重要な人になります。たとえば、サッカーの世界でも、違いをつくり出せる選手こそが重宝《ちょうほう》されます。メッシという選手は、世界最高の選手と称《たた》えられて、バロンドールというその年最も活躍した選手に贈られる賞を、何度も受賞しています。見事なドリブルで相手をかわすことができます。ディフェンスにとられない絶妙な箇所にパスを出すことができます。相手ゴールキーパーに触れられないところに、シュートを打つことができます。違いをつくり出せるから、重要な選手なのです。

私が10代前半のころに抱いていたコンプレックスは、**自分の珍しい名前**でした。苗字が肘井《ひじい》で、下の名前は「学」と書いて「まなぶ」ではなく「がく」と読みます。新学期最初の授業で、先生が生徒一人ひとりの名前を読み上げる際にも、私の番になると、だいたい読み方がわからずにつまってしまいます。先生の口から出てくる読み方といえば、「つきい」とか「つじい」はまだ良いほうで、ひどいときは「きもい」と読まれることが実際によくありました。肝臓《かんぞう》の「肝」は「きも」と読むので、おそらくはそれと間違えるのでしょうが、「きもい」なんて読まれた日には、クラス中大爆笑でした。

そういった経験が1度や2度ならず、かなりの回数あったので、幼心なりに、よく傷ついていたことを思い出します。その珍しい苗字に加えて、名前も「学」と書いたら通常「まなぶ」と読むことが多いのですが、私の場合は「がく」という読み方でした。当時は、なんでこの珍しい苗字に加えて、珍しい名前にしたのだろうと、親に不満を抱いたこともありました。

そんな私が自分の名前を徐々に好きになっていったのは、10代後半くらいからだったと思います。**「肘井」という珍しい苗字のおかげで、どこに行ってもすぐに自分のことを覚えてもらえる**ことに気づきました。それに加えて、小学校、中学校、高校、大学の**親しい友人たちは、ほとんどが私のことを下の名前で「がく」と呼んでくれます。**この名前こそが、自分の最大の特徴であると思えるようになります。今となっては、その昔よく自分の苗字を「きもい」と読み間違えられたのは、私が行う講演で、必ず爆笑してもらえる持ちネタの1つとなっています。

今あなたが抱いているコンプレックスが、人と違うからという理由で抱いているものなら、今日から逆転の発想をしましょう。**人と違っているからこそ、あなたが存在する意味があります。人と違っているからこそ、その個性はあなただけのもので、大切にすべきものなのです。**

■ 少数派の気持ちに寄り添えるようになる

人と違っていることの大切さを理解できたら、自分と違うからという理由だけで、誰かを排除するのがおかしいことに気づきます。**人と違っているのは当たり前だと知ると、何より少数派の気持ちがわかり、弱い人に寄り添える心の優しさが生まれます。**そして、相手の違いを理解して、受け入れられる人になってください。多様性を理解して、受け入れることは、必ずやあなたの今後の人生を豊かなものにしてくれるでしょう。

まとめ

人と違っているのは大切なことで、それこそがあなたの個性で、大切にすべきこと。人との違いを受け入れて、少数派の気持ちに寄り添える人間になろう。

その6

幸せとは「なる」ものではなく「気づく」もの

■あなたは、幸せになりたいですか?

私が全国で講演をする際に、必ずと言っていいほど、尋ねる質問です。「この中で、幸せになりたい人は、手を挙げてください」と言うと、講演を聴いているほぼ全員が挙手《きょしゅ》します。少し意地悪な質問になりますが、その手を挙げた人全員に、「残念ながら、皆さんは誰一人幸せにはなれません。皆さんのみならず、私も含めて、この場にいる誰一人幸せになることはできません」と続けます。当然聴いている人たちは唖然《あぜん》としますが、私の発言の意図を続けて説明します。

■幸せの本質

なぜならば、**幸せというのは、「なる」ものではなく、「気づく」ものだから**です。私も若いころは、何かをしたり、手に入れたりすると、幸せになれるものだと思い込んでいました。良い大学に入れば幸せになれる、立派な職業に就《つ》けば幸せになれる、お金持ちになったら幸せになれる、有名になったら幸せになれる、そう思い込んで生きてきました。

一方で、世の中を見渡すと、これらの要素が必ずしも幸せをもたらすものではないことが、わかるはずです。良い大学に入っても不幸な人もいます。世間で立派と言われるような職業に就いても、お金持ちになっても、犯罪やスキャンダルに手を染めて、不幸になる人もいます。

あるいは、かわいい彼女ができたら幸せになれる、きれいな奥さんと結婚したら幸せになれる、子どもが生まれたら幸せになれる、そう思い込んでいた時期もありました。しかし、これらの要素も、必ずしも幸せをもたらすものとは限りません。恋人がいても不幸な人はいるし、きれいな奥さんやかっこいい旦那さんと結婚しても、家庭を壊して不幸のどん底に落ちる人がいます。子どもが生まれても、独身時代と比べて自由がなくなったことなどで不幸を感じる人もいます。では、一見幸せをもたらしてくれそうなこれらの要素を持っていても、なぜ不幸に感じてしまう人が出てくるのでしょうか。

■人は慣れる生き物

その理由は、**人は慣れる生き物**だからです。いわゆる良い大学に受かって、その当初はとてもうれしい状態だとしても、通っているうちにそれが当たり前になって、気づいたらその状態に慣れてきます。立派な職業に就いても、最初のうちはその喜びにひたっていますが、気づいたらその状態に慣れて、当たり前になってしまいます。すてきな恋人ができてもそうです。気づいたらその状態に慣れて、当初はありがたかったその存在が当たり前の状態になってくる。結婚しても、子どもが生まれてもそうです。**あれだけ欲したパートナーや家族であっても、人間は、気づいたらその状態に慣れて、感謝の気持ちを忘れてしまう傲慢《ごうまん》な生き物なのです**。では、どうやってこの不幸な状態から脱したらよいのでしょうか。

■今の有り難さに気づく

本当は幸せにもかかわらずその状態に慣れて、当たり前だと思ってしまう傲慢さを打ち破る唯一の方法は、**今の有り難さに気づくこと**です。「**ありがとう**」**という言葉はもともと「有り難い」、すなわち、相手からしてもらったことがめったにない、有り難いものであることを由来としています。**今あるものに目を向けてみてください。それらのものは、あなたにとって当たり前ですか？　当たり前のようにいてくれる、親、兄弟、子ども、パートナー、恋人などの存在は、じつは当たり前ではありません。一人ひとりの存在がいなくなった状態を想像してみてください。今一瞬だけを考えると、目の前からいなくなってせいせいするような人もいるかもしれません。しかし、長い目で見ると、ほとんどの人が、あなたを何らかの形で助けてくれて、サポートしてくれる存在であることでしょう。

■ 周りにいる人は、今のあなたをつくってくれた人

今、あなたが子どもの立場ならば、親が命がけで産み、育ててくれたおかげで、あなたは子どもでいられます。親ならば親で、子どもがいてくれてはじめて親になることができます。お兄ちゃんなら、弟がいてくれてはじめてお兄ちゃんになれます。弟なら、お兄ちゃんがいてはじめて弟になれる。夫なら妻がいて、妻なら夫がいて、世の中はそうやって回っています。

■ 大切なのは、今ある幸せに気づくこと

これから生きていくにあたって、**今ある幸せに気づく力**を忘れないでください。たとえば、地方で生まれ育ち、第1志望の大学に受かって上京すると、しばらくはその幸せに浸《ひた》れることでしょう。しかし、気づいたらその状態に慣れて、当たり前に思ってしまいます。その傲慢さを打ち破るためには、今の幸せに気づいて、その幸せをかみしめるのです。立派な職業に就いても、お金持ちになっても、「初心忘るべからず」と言われるよう

に、最初のわくわくしていたころを思い出して、今ある幸せに気づく力を大切にしてください。

それは、恋人ができても、結婚しても、子どもが生まれてもそうです。人間は慣れる生き物で、気づいたら周りの物を当然と思う傲慢さがあります。そんなときこそ、今ある幸せに気づく、「有り難う」の言葉を、周囲の人にかけてみてください。今の「有り難さ」に気づいたときこそが、まぎれもなく幸せな状態です。

第1章で説明したように、大きな夢を描いてください。目の前のことに必死で取り組んでみてください。その結果、何かしらのことを達成できるかもしれません。しかし、それらのものが必ずしも幸せをもたらすとは限らないことも覚えておいてください。大事なのは、**今ある幸せに気づく力**です。あなたの根底に、しっかりとした幸福感があれば、どこの世界へ行っても大丈夫です。つねに「有り難う」の精神を忘れないでいることで、必ずやあなたの人生は豊かなものになるでしょう。

まとめ

幸せとは、「なる」ものではなく、「気づく」もの。大事なのは、今ある幸せに気づく力。つねに「有り難う」の精神を忘れずに。

第3章

なぜ勉強するのか

その7　大人はなぜ勉強しろと言うの？

その8　勉強で学んだ考え方は、あらゆる世界で役に立つ

その9　大学に行くと、どんなよいことがあるの？

その7

大人はなぜ勉強しろと言うの？

「なぜ勉強するのか？」、これは*古今東西《ここんとうざい》、多くの人がさまざまな表現で答えてきた疑問の1つであるように思えます。私自身も考えることはあったし、この本を読んでいるあなたも、きっとそうでしょう。この問いに対しては、どの答えも正解であり、自分の納得するものをいくつか用意できれば十分だと思います。本書では、この永遠の問いともいえるテーマに対して、そもそも大人は何で「勉強しろ」と言うのか、ここからアプローチしていこうと思います。

■ 大人は、勉強しなかったことを後悔している

大人になってからする後悔に挙がる上位に、**「若いころもっと勉強しておけばよかった」**があります。大人になると、仕事をしなくてはならない、家事、育児をしないといけないなどで、どんどん制約が多くなってきます。**働きながら勉強することがどれだけ大変か、**

大人は身にしみてわかっています。だからこそ、学校の先生やあなたの親は、「勉強しなさい」と、口うるさく言うのです。

■ 学がないことによる限界と壁

仕事をしながら勉強することが大変だという理由に加えて、大人は社会に出ると、**学がないことによる限界や壁を何度も経験**します。「学がない」とは、学歴がないことと、単純に知識や教養がないことを指します。学歴がないとどうなるかというと、いわゆる高偏差値の難関大学を出ているのと、ふつうの大学を出ているのとでは、スタートから大きな差が生まれることがあります。条件や待遇が良い企業では、学生からの応募が殺到します。何千という応募を1つひとつふるいにかける作業をするので、企業側も、第一に履歴書で学生をふるいにかけます。履歴書で一番みられるのが、大学名です。問題をはらむ基準ではあるものの、学歴フィルターという、これ以下の偏差値の学生は雇わないといった壁が存在しています。そういった悔しさや理不尽さを大人は味わっているので、子どもには経験させたくないと、「勉強しろ」、「勉強しろ」と言うのです。

それから、単純にその分野での知識がないがゆえに、仕事を任せてもらえない、あるいは外されるという経験を大人になるとします。学生時代に勉強していれば、その仕事を引き受けられたのに、という後悔を大人は味わっています。あなたの先生や親が、「勉強しなさい」と言う理由には、こういった背景があります。続いて、「そもそもなぜ勉強するのか?」という問いに対する私なりの答えを、述べていきます。

■ 学ぶ力は生きる力になる

簡単にいうと、**学ぶ力は生きる力に直結するから**です。勉強を続けることで、より力強く生きていくことができます。社会の入り口にもなる大学をめざすこと、その中でもできる限り偏差値の高い大学をめざすことで、より仕事の選択の幅が広がります。大学に入ったら、その中でも学びを続けることで、専門分野の知識を増やして、生きる力がどんどん身についていきます。社会に出てからも、その社会でのルールを必死に学び、そこで得た知識で、成果を出していきます。

■学ぶ力は自立する力になる

さらに続けると、次の第4章で説明する、20代で一番大事な**親からの自立**というテーマにも、学ぶ力は大きく役立ちます。10代のうちは、ほとんどの人が親に依存した状態です。家賃、水道光熱費、食費に及ぶ生活費、そして学費を親が払ってくれて、はじめて今のあなたの生活が成り立ちます。今挙げたことは、親ならば当たり前にすることですが、それでも大変なことです。その大変さは、親になってはじめて身にしみてわかります。

これから20代にかけて、あなたは親から自立することになりますが、一人で生きていくことは、本当に大変なことです。学問で手にした力は、間違いなく自立して生きていく力に直結します。**職業選択の幅を一気に広げてくれる大学、そして大学に入ってからの専門分野を深めた資格や知識は、間違いなくあなたの自立していく人生を支えてくれます。**

■学ぶ力は誰かを守る力にもなる

10代の皆さんが学んでいる内容は、小学校、中学校の勉強かもしれないし、高校、大学での勉強かもしれません。そこで学んで身につけた知識や力は、誰かを守ることにつながります。まずは、小学校、中学校からの勉強の積み重ねで、どんどん専門性を高めていきます。そうした高度な知識は、みずからを守る力になります。高校を出て上位の教育機関で学んで得られる専門知識が、みずからの生きる力に直結します。次に、その専門知識は、仕事で関係する相手を守る力に変わります。

例えば、医師や看護師、薬剤師は、その医療分野における高度な専門知識や技術のおかげで、患者の命を救うことができます。保育園、幼稚園、小学校の先生たちは、保育、教育分野における専門知識で、赤ん坊の命を守り、小学校の児童をしっかりと教育することができます。中学、高校の先生は、多感な思春期にいる中学生、高校生をしっかりと教育することができます。本の著者、編集者であれば、その高度に洗練された言葉で、誰かの沈んだ心を拾い上げて、誰かの人生を救い、前に向かわせることができます。

10代のころは、勉強の大切さに、あまりピンとこないかもしれません。後述しますが、部活動もやったらよいし、友情も恋愛も、10代のうちにしっかりと楽しんだらよいと思います。それでもやっぱり、10代の勉強は、自分の身を助けて、生きる力に直結することを、必ず覚えていてください。

まとめ

社会に出てから勉強する大変さ、大切さをわかっているから、大人は「勉強しろ」と言う。学ぶ力は、生きる力、自立する力を強めてくれて、誰かを守る力にもなる。

＊古今東西……「昔から今まで、あらゆる場所で」という意味です。

その8

勉強で学んだ考え方は、あらゆる世界で役に立つ

勉強で学んだ考え方は、これから先のあらゆる社会生活で役に立ちます。たとえば、あらゆる科目で使うであろう概念の1つに**因果関係**《いんがかんけい》（原因と結果の関係）があります。この言葉自体を聞いたことがある人は多いと思いますが、ではどうやって実際に応用するのかを紹介していきましょう。

■結果から原因を推測して修正する

因果関係の実生活での応用の仕方といえば、**結果から原因を推測して、望まない結果なら原因を修正する、望む結果なら原因を維持する**という考え方でしょう。たとえば受験勉強で、模試の結果で英語の点数が悪かったとします。そうならば、英語の点数が悪い原因を分析して、そこを修正します。勉強時間が足りないのか、もしくは勉強の質、やり方に問題があるのかを分析して、そこを変えてみます。具体的に模試の結果を受けて、どこの

分野で大きく点を落としているのかを分析します。たいていは、英語は長文問題の配点が高く、ここで点数を落としている生徒がほとんどです。ならば、英語長文で高得点をとるための勉強を進めます。英語長文が得意になるには、英語長文を読む以外に方法はないので、英語長文をできる限り毎日読むようにします。難しい長文が読めないなら簡単な長文から、長い文章が読めないなら短い文章から始めます。文字にしてみると、たったこれだけの話ですが、こうして**因果関係を用いて分析を進めながら勉強する**のは、なかなか難しい作業になります。

■ 因果関係を用いた分析の手法は恋愛にも役に立つ

このように結果から原因を分析して修正する手法は、恋愛にも役立てることができます。たとえば、好きな人ができても、告白してはふられてしまい、なかなか恋人ができないとしましょう。そうした場合、望まない結果なので、原因を分析して修正します。若いうちは、自分に魅力がないからなのかと勘違いして、もてるように努力を重ねてみたりします。おしゃれをしたり、髪形を変えたり、明るくふるまったり、おもしろい話をしてみたり、いろいろします。原因を内に求めることは大事ですが、それでも、好きになる相手にことごとくふられ続けた場合は、何に原因があるのか、頭をひねります。

■好きなタイプと相性の良いタイプが異なる人が多い

そのときに、発想を思い切って変えてみます。そもそも、自分が好きになる相手は、自分のことを好きになってくれない、すなわち相性が良い相手ではないと気づきます。それに気づいたら、原因を修正します。すなわち、自分の好みのタイプを変えてみます。自分の好きな気持ちを押し通す以上に、自分と相性の良いタイプを考えてみます。「その2」で仕事について説明したのと同様に、**自分の好きなタイプが、必ずしも自分と相性が良いとは限りません**。主観が強いと、やりたいけど得意ではないこと、好きだけど相性が良くない相手をいつまでも追い求めてしまいます。**やりたいこと以上に得意分野を探す**。**好きなタイプ以上に相性が良いタイプを探す**。このように発想を変えてみることで、どんづまりだった人生がスムーズに進みだす人が、案外多いように思えます。もっとも、恋愛というのは感情で進むものでもあり、なかなか理屈どおりにはいかない側面もあります。

■ 個々の事例から共通項を抜き出して抽象化《ちゅうしょうか》する

個々の事例から共通項を抜き出して抽象化するという考え方も、因果関係に加えて、およそすべての学問に当てはまります。わかりやすくいうと、**具体と抽象を行き来する**考え方です。たとえば、「わかりやすく説明する」とは、たいていは抽象的な概念を、具体例を用いて表現していくことを意味します。英語でいうと、for example「たとえば」を使うと具体例が登場するように、抽象と具体の結びつきに気づくと、文章の内容が理解できるようになります。

■ 受験で良い結果を出す生徒の特徴

自分の高校時代も含めて、受験で良い結果を出す生徒を何人も見てきました。そこで、その人たちの多くに当てはまる共通項を抜き出します。これは、まさに**具体例から抽象化して、物事の真理を見抜く考え方**になります。

たとえば、バスケ部のキャプテンを務《つと》めていたA君が現役で東大に合格しました。続いて、野球部で四番打者を務めていたB君は、現役で京大の工学部に合格しました。そして、バレー部のスタメンだったC君は、現役で早稲田の法学部に合格しました。では、今挙げた3人の生徒から共通項を抜き出す、いわゆる抽象化をしてみてください。そうです、一見すると勉強時間がなくなると思われがちな部活動を3年間やり切った生徒が、ことごとく良い大学に入っていることがわかります。これは、大人になっても当てはまりますが、**運動と脳には相関関係**があります。**すなわち体を動かすことで、仕事や勉強の成果も出る**ことがあります。もちろん、いくら運動部に所属していようとも、勉強をしなければ当然受験で良い結果は出ません。具体と抽象の行き来ができるようになると、このように真理を見抜く力が身につきます。

■これからの時代に、学問で身につけた考え方がますます役に立つ

私の人生を振り返っても、ここ20年、とくにこの3年間などは、最も変化が大きく、常に思考力が求められる局面ばかりでした。インターネットで世界が変わりました。とくに携帯電話でもインターネットが使えるようになってから、まさに激変といえるほど世の中

が変わったと思います。そこに追い打ちをかけるように、コロナウイルスで、世界中がパンデミックに見舞われました。この*パンデミックは、いわば強制的に世の中を変えていったように思えます。

コロナ禍《か》では都心のオフィスに出るのを避けて、いわゆるリモートワークを多くの職場が導入しました。あれだけ混雑していた満員電車は、うそのように空っぽになりました。ビジネスでも旅行でも、飛行機に乗って移動する行動も、一時期なくなりました。コンビニにはセルフレジが置かれて、従業員と接さずとも会計ができるようになり、飲食店もテイクアウトを中心に営業せざるを得なくなりました。

■未知の事象に対処できるのは、学問で身につけた思考力

コロナ禍では、あらゆる局面で人間の思考力が試されていたように思えます。コロナにかかったらどういうリスクがあるか。どういう行為がコロナにかかるリスクがあるか。自《じ》粛《しゅく》をいつまで続けるか。行動範囲をどのタイミングでどれだけ広げるか。マスクをどこでつけて、どこで外すか。ワクチンを打つか打たないか、何回打つか。

幸いにも、私自身はコロナに感染することなく、危険な時期を脱することができましたが、**さまざまな局面で本当に役立ったのは、今まで学問で培《つちか》ってきた思考力と判断力**でした。

まとめ

勉強で身につけた考え方は、あらゆる世界で役に立つ。結果から原因を分析して修正する因果関係、個々の事例から共通項を抜き出して抽象化する考え方が、未知の事象に対処できる力を与えてくれる。

＊パンデミック……感染症などが世界的に大流行して、多くの感染者が発生することを表す用語です。

その9

大学に行くと、どんなよいことがあるの？

20年かけて成し遂げたいような大きな夢を見つけて、それに向かって生きていくことが理想です。しかし、私の中高生のときのように、これといった夢を持てない場合は、「その3」で説明したように、**「とりあえずやってみる」の精神で、大学受験などの目の前のことに夢中になってみること**をおすすめします。一方で、美容師になりたい、料理人として自分の店を持ちたい、サッカー選手や野球選手として活躍したいような場合は、必ずしも大学への進学を必要としません。高校卒業後すぐに、その世界に入る、あるいは専門学校を卒業してその道をめざすとよいでしょう。

■ 大学受験は人生を変える転機

大学受験は、私にとって人生を変える転機になったので、**もう一度生まれ変わっても大学を受験する**だろうし、なんだかさえない毎日だなあと思う人にこそ、おすすめします。

受験勉強を通して、目標を見つける、毎日それに向かって必死に努力する、モチベーションを維持する、人と比べない、合格する人・落ちる人がいる現実と向き合うといった世界は、人生の*縮図《しゅくず》のような意味合いを持っています。これらのことを乗り越えることで、大きく成長することができます。

■ 大学に行くと、いろいろな出会いがある

これは大学に限らず、専門学校や社会に出ても同様のことがいえますが、大学での数々の出会いは特別なものになります。私の場合は、札幌から上京して東京の大学に入学したので、全国各地で、そして他国で育った人との出会いに恵まれました。東京出身の人はもちろん、関西出身、九州出身、アメリカ出身の人たちなど、**まさに多様性に富んだ空間でした。**サークル活動を通して、他の大学の人たちや、先輩、後輩との出会いもあります。

■大学教授との出会い

そして、最高学府である大学には、特定分野における最先端の研究者である大学教授がいます。もっとも、大学教授に過度な期待をしてはいけません。大学教授は、高校までの教員のような教育者の側面よりも、研究者の側面が強いので、そもその道に興味がある人に講義をします。だから、ある程度大学の学部や学科を調べたうえで、**自分の将来の職業とつながる、あるいは自分が少しでも興味のある学部を選ぶことをおすすめします。**

そのうえで、その道の専門家である大学教授に師事できると、自分の関心をさらに深めて、将来の職業へとつながる知識を深めることができます。

■大学時代は、自由な時間が最も多い時代

高校を卒業するまで、多くの人がさほど自由な時間を手にすることはないわけですが、大学ではたくさんの自由な時間を手にすることができます。その自由な時間で、遊びも、勉強も、アルバイトも、読書も、留学も、旅行も、思う存分楽しむとよいでしょう。私の

ように、地方から上京したものにとっては、親からはじめて離れて暮らすことで、自立への一歩を踏み出すことができます。では、大学の4年間で何をしたらよいか、おすすめのものをいくつか列挙していきます。

■アルバイトは社会の入り口、親からの経済的自立の一歩としておすすめ

アルバイトは多くの大学生が経験するでしょうが、大学と並んで**社会の入り口、親からの経済的自立の一歩**としておすすめします。もちろん、社会人になると仕事漬けの日々になるので、そういった点では、学生ならではの勉強する時間等は残しておくべきでしょう。

■お金を稼ぐ大変さを経験する

私の時代は、日雇いバイトがたくさんあったので、いわゆる肉体労働も多く経験しました。引越、解体や工事現場で、ペットボトルを何本も消費するような大変な仕事もしました。ヘルメット、安全靴や特別なマスクを装着しながらの危険な仕事は、自分の職業観を大きく広げてくれました。

これは学生時代にコンビニでアルバイトをしていた兄から教えてもらった話です。「コンビニのアルバイトで、何が勉強になった？」と尋ねたところ、「**小さな声でも、ありがとうと言ってもらえるのは、本当に救われるよ**」と教えてもらいました。それからは、コンビニやレジのスーパー、どんな小さな飲食店でも「ありがとうございます」のひと言を必ず添《そ》えるようになりました。

■ アルバイトでの出会いも人生を変える契機になる

それから、アルバイトで出会った人たちとも、10年以上の大切な付き合いが生まれたり、人生を変えるような出会いがあったりします。私の場合は、学生時代のアルバイト先の上司のおかげで、社会に出たあとに、とても大きな仕事にめぐり合えたことがあります。**どんな場所であろうとも、人との出会いが人生を変える契機になるのだから、やはりご縁は大切にするとよいでしょう。**

■大学時代には、資格試験の勉強がおすすめ

最後に、大学時代におすすめなのが、やはり勉強になります。もっとも、大学内での勉強というと、ともするとリベラルアーツや教養といった抽象的な学問が多くなりがちです。それはそれで勉強するとよいのですが、個人的には**資格試験の勉強**をおすすめします。

英語ができると仕事の選択肢が広がるので、英検やＴＯＥＩＣのような資格試験対策用に勉強するとよいでしょう。これらの試験は何度でも受けられるので、大学４年間勉強を続けると、英検準１級や１級の合格も夢ではありません。ＴＯＥＩＣも４年間受け続けると、９００点を超えることも可能なので、最終学歴に加えて、履歴書に堂々と書ける資格になります。税務、会計に興味がある方は、簿記の試験や税理士試験、公認会計士試験をめざすとよいでしょう。法律に興味のある方は、行政書士試験、司法書士試験、司法試験などをめざすとよいでしょう。こうして、**大学時代の自由な時間は、自分次第でいくらでも人生を変える契機に使う**ことができます。

まとめ

大学生活でのさまざまな出会い、自由な時間は人生を変える契機になる。アルバイト、留学、資格試験の勉強で、人生を変えるような4年間にする。

＊縮図……地図の構図は元のままで、大きさだけを縮めた図の意味から、規模を小さくして表したものの意味に転用されることがあります。

第4章

20代で一番大事なことを知っておこう

その10　親から自立するってどういうこと？

その11　なぜ自立しなければいけないの？

その12　親と仲が悪いのは自分だけ？

その10

親から自立するってどういうこと？

10代を生きていくうえで、その次の20代でやるべき大事なことを知っておくと、より豊かな10代を過ごすことができます。小学校、中学校、高校、大学、あるいは専門学校や短大と続けてきた学習機関から離れて、10代後半から20代で社会に出ることになります。いわゆる仕事をスタートさせることになりますが、それよりもっと大事なことがあります。

■ 20代で最も大事なのは、親から自立すること

20代で最も大事なことは、親から自立することです。親から自立するには、仕事をしなければいけないので、自立と仕事は密接にからんできます。仕事をすることは大事ですが、どの仕事をするかばかりに目が行って、親から自立するという肝心の儀式を軽視してはいけません。遅くとも20代後半までには、親からしっかり自立するべきでしょう。私自身の経験や周囲を見渡しても、自立が早いほどしっかりしているし、自立が遅くなるほ

ど、成長が遅れてしまう傾向にあります。では、親から自立するとはどういうことでしょうか。

■親から「経済的に」自立する

まず、今のあなたは「経済的に」親に依存していることを自覚します。生きていくには、家賃、水道光熱費、ガス代、食費、衣服費、交際費などがかかります。蛇口をひねれば勝手に水が出てくるわけではありません。スイッチを押せば勝手に電気がつくのでもありません。親が水道代、電気代を納めてくれて、はじめて今の暮らしが可能になります。ともすると、ありがたさに気づかない電気やガスですが、料金を払わないでいると当然止められます。

決してまねしないでほしいのですが、私は学生時代に、電気もガスも止められた経験があります。電気が止められると何が困るかというと、部屋の明かりがつかないこと以上に、クーラーが使えないことです。夏場のクーラーの有無は、現代では死活問題です。クーラーが使えないと、熱中症の危険にさらされて、命にかかわります。ガスが止められると何が困るかというと、火を使った調理ができないこと以上に、温かいシャワーが使えないことです。私はちょうど冬の時期にガスを止められたので、水シャワーだけで体を洗うのは、とてもじゃないですが、耐えられるものではありませんでした。

「経済的自立」とは、親のお金に頼らずに、自分で稼いだお金で生きていくことです。前述のように、家賃、水道光熱費、食費などを自分で稼いだお金で払っていくことです。言葉にすると簡単ですが、当たり前のことほど、難しかったりするものです。

■一人暮らしが自立を後押ししてくれる

一人暮らしをして、親からの仕送りがなければ、ようやく「経済的自立」の一歩を踏み出せたことになります。一人暮らしをすると、同時に「物理的自立」も果たすことができます。「物理的自立」とは、親と離れて暮らすことを意味しますが、これもなかなか大変なことです。親といると、早寝早起きといった生活リズムも自然と促してくれます。部屋の掃除、洗濯、ごみ捨て、料理といった生活に必要な家事も親がやってくれて、自分ではやりません。今挙げたものは、生活の質を左右するほど重要なもので、こういった生活力をこれから身につけていくことが大事になります。親元にいては、なかなか掃除、洗濯、ごみ捨てや自炊をする機会が少ないと思います。それでも、将来の自立に向けて、少しずつこういった生活力を磨いていくことをおすすめします。

■最後は「精神的自立」

「経済的自立」、「物理的自立」を果たしたあとに、最後にくるのが「精神的自立」です。これは目に見えるものではありませんが、だからこそ一番重要になります。たとえば、一人暮らしを始めたあとでも、親と毎日連絡を取り合う、毎週のように顔を合わせる、これではなかなか「精神的自立」を果たしているとはいえません。**親は子どものことを信じて見守る。子どもは自分でやれることは自分でやると覚悟を決める。**双方がこういった意識を持つことで、徐々に「精神的自立」を果たすことができます。

■ 勘違いから覚めた瞬間が「精神的自立」を果たせたとき

「精神的自立」とは、定義が難しいですが、**親がいなくても一人で生きていける自信がつくとか、親任せにしていたことや親が管理していたことを、自分で管理できる状態になること**を指すのではないかと思います。私の場合は、勘違いから覚めた瞬間が、「精神的自立」を果たせたときでした。親と近い距離にいると、親はすごいけど自分はすごくないという当たり前のことに気づかなかったのです。運動ができて、勉強もある程度できて、同性や異性との人付き合いもたいして困ることなくうまく回っていたのは、大部分が、親が整えてくれた環境のおかげでした。**一人で生きていくことの大変さを心の底から理解できたときに、はじめて「精神的自立」を果たすことができたように思えます。**

■ 10代、20代で自立への階段を1段ずつ上っていく

最後に覚えておいてほしいのが、誰しも、あるとき急に自立できるわけではないことです。そこをゴールとして思い描いておかないと、人によってはなかなか難しくなります。

私の場合は札幌出身だったので、大学で東京に出たことで、自立の三要素の1つである「**物理的自立**」を19歳のときに自然と達成していました。地方出身者にとっては当たり前のことでも、人が集まってくる東京などで育った人にとっては、計画的に行わないと自立は難しい儀式になります。実家を出るのが、大学や専門学校を卒業した時点なのか、あるいは卒業して1年後、2年後にするのか、しっかりと親と認識を共有して、「**経済的自立**」、「**物理的自立**」を果たします。そうして、親がいなくても一人で生きていける「**精神的自立**」を少しずつ果たします。「**自立」が広げてくれる世界は、その後のいかなる出来事よりも、大きなものになる**ことを覚えておいてください。

まとめ

10代のころから、親からの自立をイメージすると、毎日が変わる。そのための今だと覚えておこう。

その11

なぜ自立しなければいけないの？

20代でやるべき最も大事な儀式が親からの「自立」と説明しました。では、そもそもなぜ親から自立しなければいけないのでしょうか。親ならば、ずっと子どもを自分のそばに置いておきたい気持ちは、誰しもあることでしょう。一方で、子どもにも、いつまでも自分の味方で、経済的、精神的サポートをしてくれる親のそばから離れたくない気持ちもあることと思います。とくに、東京で一人暮らしをすると、家賃も高いので、実家から通ったほうが、経済面で合理的なように思えます。そうしたことを超えてまで、一人暮らしをする必要性は、いったいどこにあるのでしょうか。

■ 自立の目的は、自分以外の誰かを守れるようになるため

あくまで私の意見ですが、自立の目的はというと、**自分以外の誰かを守れるようになるため**ということに尽きるかと思います。10代のころは、親に守られて、兄弟に守られて、

学校の先生に守られて、今のあなたがあります。でも、いつまでも誰かに守られたままではいけないのもわかるでしょう。あなたもいつか、誰かと結婚してパートナーができたり、その人との間に子どもが生まれたりするかもしれません。あるいは、社会人になって部下ができたり、学校の先生になって教え子ができたりするかもしれません。自分が成長していき、今度は年齢を重ねた親を守る立場になることもあります。

誰かを守るには、自分のことなど朝飯前にできないと、人のことを守るなんてできません。そのために、まずは自分のことをしっかりとやることが大切になります。そして、案外これが難しいものなのです。今まさに送っている10代、親から自立する20代、誰かを守る30代と、ヴィジョンを持つことで、より豊かな人生を送れることでしょう。

まとめ

自立するのは、大切な人を守るため。自分のことを朝飯前にやれてはじめて、自分以外の誰かを守れるようになることを覚えておこう。

その12

親と仲が悪いのは自分だけ？

10代後半から20代前半で親と衝突したり、関係性がうまくいかなかったりするのは、ある意味で当然ともいえると思います。だから、もしこれを読んでいるあなたが、親や家族とうまくいっていなくても、それは自立に向けての当然の過程で、そんなに思い悩む必要のないことだとわかってほしいのです。親としては、子どもには自分が思う正しい方向に進んでほしい。一方で、子どもは自我が芽生えてきて、自分の考えを持つようになり、親の考えに疑問を抱くようになる。これはいたって自然なことで、それが自立して生きていく力につながっていきます。

■ 親子が衝突するのは、距離が近いから

そして、今、親とうまくいかなくて悩んでいる人も、安心してください。あなたの親が悪いわけでも、あなたが悪いわけでも、あなたと親の相性が悪いわけでもありません。**距**

離が近すぎると、人間関係はうまくいかないものなのです。

人間関係には、相手への配慮、そして遠慮が必要です。それがなくなると、相手は嫌な思いをして、関係性がうまくいかなくなります。親は子どもが心配で、子どもに傷つかずに安全な道を歩んでほしいと願います。一方で、子どもは自分でやりたい、自分の人生を生きたいと思うのだから、衝突して当然なのです。子どもはその力を自立して生きていく力に向けるとよいのです。

■親と仲の悪いことがコンプレックスだった時期

私自身も親との衝突は絶えなかったので、思い悩んだ時期も長かったように思えます。親子は仲が良くなくてはいけないと思い込んでいて、世の中のドラマや漫画で描かれるような仲睦《なかむつ》まじい家族のイメージが頭の中を占めていました。けれども実際は、**家族ほど問題が起こる関係性はなく、いつの時代も、家族の中では衝突もあるもの**なのです。そうとわかれば、**自分だけが家族と仲が悪いわけではなく、ある意味で家族と衝突することは自然なこと**だと納得できるはずです。

■ 母のありがたみは一人暮らしをしてからわかる

それでも、**一人暮らしをしたことで、母親のすごさ、ありがたみを心の底から理解できる**ようになりました。一人暮らしを始めると、「朝だよ〜。そろそろ起きなさい」とか、何度も声をかけてくれる母親はどこにもいません。自分の意志と目覚まし時計で、決められた時間に起きなければいけません。目覚めても、当たり前のように栄養バランスの取れた朝食が出てくることもありません。自分でつくるしかありません。部屋を掃除してくれる人もいないし、ごみを捨ててくれる人もいないし、お風呂の準備や掃除をしてくれる人もいません。一人暮らしをすると、こういった母親の力に、どれほど助けられていたのかが身にしみてわかるようになります。

■ 父のありがたみは社会に出てからわかる

では、父親のすごさはというと、多くの人が、**社会に出て働きだしてから、全身で感じることができると思います**。お金を稼ぐことの大変さがわかり、自分一人が生きていくお金を稼ぐだけでも大変なのに、家族全員を養ってきた父親がいかにすごいかが身にしみてわかるようになります。社会に出ると、理不尽な思いをたくさん経験することになりますが、そういったことをのみ込んで、家族のために、父親は嫌な顔1つせずに働き続けてきてくれたことを理解します。母親が家事に加えて仕事もしていた場合は、さらに母親のすごさがわかるでしょう。

今、親と仲が悪くて悩んでいるのは、距離が近すぎることが原因です。いずれ適正な距離が生まれて、世の中の仕組みが少しずつわかってきたら、必ず関係が落ち着くときが来るので、安心してください。

まとめ

親と衝突するのは自然なこと。自立へと向かう過程で、誰しも経験すること。自立して、適正な距離ができたら、必ずや落ち着いた関係になるときが来ることを覚えておこう。

第5章

仕事のことを少し知っておこう

その13

生きていくことは、仕事をすること

10代を生きているあなたは、仕事といわれても、まだピンと来ないかもしれません。なかには、10代後半で会社に就職していたり、アルバイトを始めたりしている人もいるでしょう。学生時代のアルバイトは、社会人になってからの仕事を知る前段階としてはよいのですが、仕事と大きく異なる側面があります。アルバイトを生計のために行っている人もいるでしょうが、学生であれば小遣い稼ぎの側面が強い人もいることでしょう。すなわち、お金は欲しいものを買う、旅行に行く、友達と遊ぶなどの娯楽に費やされることが多くなるかと思います。

一方で、**仕事とは生きていくためにする**ものです。学生の本分は勉強だといわれてきたと思いますが、**社会人の本分は、まさに働くこと**になります。

■自立と仕事は密接に結びついている

自立することの重要性は、第4章で述べてきましたが、**自立するうえで欠かせないのが仕事をすることです**。働くことで給料が出て、そのお金で家賃、水道光熱費、食費などの生活費を払うことになります。働かないと給料がもらえないので、生活費を払うことができなくなります。すなわち、自立して生きていくことができなくなります。だから、学生時代のアルバイトのように、いやだから簡単に辞めるということが難しくなります。

■仕事と学生アルバイトの大きな違いは？

そうなると、「仕事を辞めてはいけないの？」と思うかもしれませんが、もちろんそんなことはありません。最近までは終身雇用制といって、最初に就職した職場で、定年といわれる60歳や65歳まで働き続けるのが一般的でしたが、今は、複数の会社で働く経験をする人たちも多い時代になりました。アルバイトのとき以上に大事なのが、仕事の辞め方です。**辞めたいと思ったときにすぐ辞めるのではなくて、次の職場を見つけてから辞めま**

す。仕事の空白期間は、社会ではマイナスにとらえられてしまいます。だから、働いているうちに次の仕事を探します。そして、**仕事は学生アルバイトに比べて、大きな社会的責任を伴うのが一般的**なので、会社に大きな迷惑とならないタイミングを見計らって辞める必要があります。

まとめ

生きていくことは、仕事をすること。自立と仕事は密接に結びついている。仕事と学生アルバイトの一番の違いとして、仕事は社会的責任が大きくなることを知っておこう。

その14

やりたい仕事は見つかるの？

私自身も、大学に入ったら、やりたい仕事が見つかるのかと思っていた時代がありました。しかし、**残念ながら、大学に入ったらやりたい仕事が見つかるだろうというのは、多くの人にとって幻想に終わるかと思います。**「やりたい仕事」というのは、いわばケーキ屋さんになりたいとか、パン屋さんになりたいとか、サッカー選手になりたいといった幼いときに抱いた純粋な気持ちから生まれるものです。むしろ**年齢を重ねるごとに、そういった素直な気持ちを認めて表現することが難しくなります。**今これを読んでいるあなたにとっての「やりたい仕事」というのは、あなたの心の奥底に眠っているもので、大学に入ったからといってその純粋な気持ちが見つかるものではありません。だから、**今のあなたにとっての「やりたい仕事」という小さくてもポジティブな気持ちに触れることができたら、それを大切にしてください。**

■好きなことは仕事にできるの？

これも、実際に多くの人がぶつかる問題です。答えとしては、**好きなことを仕事にしている人もいれば、そうではない人もいる**というのが実情でしょう。私の場合は、教える仕事が好きでずっとやっていますが、最初に志した職業ではありませんでした。2番目に志した職業でしたが、本当にやりがいのある仕事で、学生時代からずっと続けています。最初は個別指導から始まり、家庭教師、20名前後の集団授業、100名を超える集団授業と担当して、映像授業も2つの予備校で担当して、全国の生徒に授業を届けてきました。

■仕事が趣味の人もいる

ここまで挙げた仕事は、すべて話す仕事ですが、一方で大学受験の参考書や語学書も30冊以上執筆しており、これらはすべて書く仕事といえるでしょう。書く仕事は、とりわけ私の生きがいのようなものであり、もう毎日休まずに、書き続けています。**1年365日ほとんど休まずに執筆していますが、これも好きな仕事だからやれることなのでしょ**

う。一方で、私の周りを見渡すと、そうではない人がいるのも事実です。

■仕事は生きていくための手段と割り切る人もいる

自分のやっている仕事が全然好きになれないという人も少なからずいることでしょう。仕事は月曜から金曜までと割り切って、土曜、日曜の休日や祝日を充実させるためのものと考える人もいます。その人たちにとっては、金曜の夜は仕事を忘れて楽しめる時間なので、「花金《はなきん》（花の金曜日）」と呼ばれたものでした。一方で、仕事始まりの月曜は「ブルーマンデー」、すなわち「憂鬱《ゆううつ》な月曜日」と言われており、だるいなあという思いをおさえて、生きていくため、家族を養うために働いている人がいるのも現実です。

■仕事の全体の一部でも好きなところがあればよい

仕事のとらえ方も、「その5」で紹介したダイバーシティという観点からは、いろいろな価値観があってよいのだと思います。

もっとも、仕事のすべてが嫌いというのでは、やはり苦痛な時間が長くなるので、**仕事の全体の一部でも好きなところがあればよい**と思います。たとえば、仕事そのものは好きではなくても、同じ職場の仲間や上司が好きだから続けているという人もいます。私の友人に、会計士という職業自体は好きではないけれども、数字は得意なので、その点では仕事が好きという人もいます。このように、**全体の一部でよいから、自分の好きなこととかかわっている仕事を選ぶとよい**でしょう。

まとめ

大学に入っても、やりたい仕事が見つかることは少ない。仕事は趣味だと思う人、仕事は生きていくための手段と割り切る人もいる。全体の一部でも自分の好きとかかわっている仕事を選んでみよう。

その15

仕事とお金の話を知っておこう

■ 給料が高い仕事のほうがよいの？

仕事は、働くことでお金が発生して、給料として職場から自分に支給されます。多くの人が給料の高い仕事を望みます。やはり生きていくうえでお金は大切なので、**できる限り給料が高い職業、会社で働こうとするのも、仕事の自然な性質**といえます。仕事自体は全然好きではないけど、給料がよいから今の会社を辞めないという人もいるでしょう。仕事は好きだけれども、給料がよくないから今の会社を辞めたいという人もいるでしょう。そう考えると、仕事の一部が好きで、それなりに給料に満足しているというくらいが、ちょうどよいのかもしれません。

■給料の高い、低いは何で決まるの？

給料の高低を決める要素は、大きく分けて2つあります。**1つ目は、職種、業界によって決まります**。わかりやすい例でいうと、医者、弁護士、会計士、コンサルティングなどは平均の給与が高い職種です。それから、商社、銀行、証券会社、広告代理店、テレビ局なども給与が高い業界です。近年ではとくに、IT業界がとても景気がよいので、テクノロジーに精通したエンジニアも給与が高い職種です。給与が高い職種は当然人気で、希望者が殺到するので、競争率も高くなります。では、どうしたらそういった職種に就くことができるのでしょうか。

■自分の希少性を高める

ひと言でいうと、**自分の希少性を高める**ことが重要です。他の人にはない特性を持つことが大切です。たとえば、先に挙げた医者になるには、大学受験の最難関ともいえる医学部に合格して、医師の国家試験に合格しなければなりません。今挙げたことを乗り越えるだけで、かなりの希少性を持つことができます。弁護士なら司法試験、会計士なら公認会計士試験と、最難関の試験を突破できる時点で、希少性が高くなります。

これらの職業以外に、先ほど挙げたＩＴ業界でエンジニアに就くなら、**大学で情報学部などに所属して、学生時代からテクノロジーに精通しておく**必要があります。商社、銀行、証券会社、広告代理店、テレビ局なら、大学で**難関大学といわれているところに合格することを目指します。**そして**在学中に留学する**、あるいは**ボランティア活動に従事する**、そして**体育会系の部活動に属する**などして、自分の希少性を高めることが必要になるでしょう。

■職種の違いよりも根本的な違いがある

先ほど給料の高低は**職種、業界によって決まる**と説明した際に、給料を決める要素として、2つあると紹介しました。そのもう1つは、**労働形態**の違いです。わかりやすくいうと、**アルバイトと正社員の違い**です。一般的には、**アルバイトのほうがもらえる給料は低くて、正社員のほうが高いでしょう。だから、多くの人は、アルバイトより正社員をめざ**

します。一方で、もっと根本的なことをお話しすると、私たちが今生きている社会は、経済、社会の仕組みから、**資本主義社会**といわれています。

■ 資本主義社会には、資本家と労働者がいる

資本家とは、簡単にいうと会社の社長のことです。もちろん、社長の中にも雇われ社長といって、会社の所有者であるオーナーに雇われて、経営を取り仕切る人もいます。しかし、一般的には社長といえば、その会社の所有者であることが多くなります。**会社の所有者であれば、みずからの給料を決めることができる**ので、いわば青天井といって、会社の利益の範囲内であれば、いくらでも給料を受けとることができます。

ともすると、医者、弁護士、教師のような職種で仕事を考えがちですが、じつは**資本家と労働者というのが、もっと根本的な働き方の区分**になります。医者や弁護士でも、みずから独立して業務を行っていれば、それは資本家となりみずからの給料を決定できます。一方で、医者や弁護士でも、誰かに雇われている以上は、労働者であって、給料は青天井ではなく、みずから決定することはできません。

■ 資本家と労働者に加えて、もう1つの働き方がある

現代社会では、資本家と労働者に加えて、もう1つ**個人事業主やフリーランス**という働き方があります。どこか1つの会社に正社員として所属するわけではありませんが、たいていは複数の会社から業務を請け負って、仕事をする形態です。たとえば、ライター、デザイナー、編集者、動画クリエーター、カメラマンなどが、個人事業主やフリーランスの代表例です。

個人事業主もフリーランスも、働いたら働いた分自分の給料になるので、やり方によっては、給料は青天井になります。もっとも、複数の企業から仕事を請け負うためには、その本人にしかできない強い専門性が必要です。

■ それぞれにメリット、デメリットと、各人に向き、不向きがある

今まで挙げてきた労働形態には、それぞれにメリット、デメリットがあり、各人に向き、不向きがあります。リーダーシップが強くて、お金をたくさん稼ぎたい人には、当然資本家や個人事業主がおすすめです。一方で、みずから物事を決定するより、誰かに決めてもらうほうが性に合っているような人は、労働者を選ぶとよいでしょう。リスクをとってでも大きな勝負をしたいなら資本家や個人事業主、あまり危ない橋を渡りたくないような人は、労働者を選ぶ。最初は多くの人が労働者からスタートします。その中で実力がついて自信が芽生えたり、独立したい気持ちが強くなったりするようなら、個人事業主や資本家を選ぶとよいでしょう。

まとめ

給料が高い職業、業界を選ぶのは、仕事が持つ当然の性質。給料の高低は、職種や業界だけでなく、資本家になるか労働者になるかで左右されることを知っておこう。

第6章

学校って、なんで行くの？

その16　学校に行きたくないと思ったらどうするか？

その17　いじめはなぜダメか？

その18　部活動と勉強のどちらかを優先すべきか？

その16

学校に行きたくないと思ったらどうするか？

学校に行きたくないと思ったことは、誰しも一度はあるはずです。朝がつらくて起きられない、学校の授業がつまらない、学校での人間関係が嫌だなど、理由はさまざまだと思います。私自身を振り返ると、高校生のときに学校を辞めたいと強く思った記憶があります。大学生のときも本気で辞めたいと思ったことがありました。もっとさかのぼると、小学生のときも、1年生で嫌なことがあって、学校から脱走したことがありました。学校のそばの住宅街を一人泣きながら歩いていたところ、友達のお母さんが気づいてくれて、母親が迎えに来るまで、ベッドで寝かせてもらっていた記憶があります。

■協調性がない・集団行動に向いていない

どうにも集団行動に向いていないというか、協調性がないのは、小学生のときからなので、これは私の性質なのかもしれません。5年間の会社員生活でも、何度も辞めたいと思った記憶があります。お世話になった方に退社の報告に伺うと、「まあ、肘井君はすぐ辞めると思ってたけどねえ。よく5年もがんばったねえ」と笑いながら、ほめていただいた記憶があります。

■ 学校生活に向いていなくても、生きていける

このように、学校生活にはまったく適性がなかった私ですが、今でも何とかやっていけます。何とかやっているだけで、立派にやれているかどうかはわかりませんが、信頼できる取引先と何年も継続的に仕事をさせていただいています。リクルートとともに立ち上げたスタディサプリは、100万人を超える会員数を誇り、多くの学校にも導入されて、教育インフラとしても機能している規模にまでなりました。本も複数の出版社と力を合わせて、30冊を超えて書かせていただきました。そのうちのいくつかは、ベストセラーといえる発行部数を誇っています。長年お仕事をさせていただいている信頼できる編集者の方も、何人かいらっしゃいます。だから、**今、学校生活にうまくなじめなかったり、学校生活に疑問を抱いて苦しい思いを抱いたりしている人も、安心してください。あなたが抱いている感覚は、おかしいものばかりではなく、これからの人生を切り開いていく力になる**

ことがあります。

■協調性のなさは、裏を返すとあなただけの個性になる

私自身も、高校を辞めたいと思っていた時期は、自分がダメな人間なのかとへこんでいた気がします。今考えると、そんなことはなくて、**全体に疑問を抱く感性や、全体のルールを超えて、最適なルールを見つける力は、必ず今後に役立ちます。**その感性は、全体が間違っているときにも、真理を見抜く力につながります。世の中に新しいサービスをつくり出す力につながります。小さな世界であっても、何かを変える力につながります。

■学校を辞めたら、もっとつまらない生活になる

学校生活になじめないことと、学校を辞めるかどうかの決断は、また別の問題と考えるとよいと思います。私自身は、辞めたい辞めたいと思いつつ、**辞めるともっとつまらない生活になる**という発想で、何とか気持ちをつなぎとめて、高校を卒業することができました。学校を辞めることは、同級生との付き合いや遊びの場も、すべて奪われることを意味

します。それを避けたかったのが、当時の素直な心境でした。

■「おもしろきこともなき世をおもしろく、住みなすものは心なりけり」

長年続いた徳川幕府を倒して、明治維新へと導いた幕末期の武士たちに大きな影響を与えた吉田松陰《よしだしょういん》という人がいます。吉田松陰がつくった松下村塾《しょうかそんじゅく》の生徒に、のちに長州藩を倒幕《とうばく》へと方向づけた高杉晋作《たかすぎしんさく》という人がいました。その人が詠《よ》んだ有名な句です。厳密には、高杉晋作は「おもしろきこともなき世をおもしろく」まで詠んで、その続きは女流歌人の野村望東尼《ぼうとうに》によって「住みなすものは心なりけり」という下の句がつけられました。要は、「**つまらない世の中でも、自分の心次第でおもしろくできる**」という問いかけになります。

■つまらない中にも、おもしろいものを見いだす力

高杉晋作の詠んだ句は、現代でもさまざまな人が引用するほど有名です。自分の周りがつまらない世の中であっても、何かに楽しさを見いだすことで、見え方、感じ方が変わる

よというメッセージが込められています。

■バレーボールに楽しみを見いだした高校生活

学校の授業は、当時の私にとってはかなり苦痛でしたが、それ以外の部活動や、昼休み、放課後のバスケットボールに楽しみを見いだすようになりました。とくに、部活動でやっていたバレーボールによる心の充実や成長は、とても大きなものでした。全体の中での自分の役割を認識して、チームワークを学びます。**他人のせいにするのをやめて、自分でチームの勝敗の責任をとるという心の変化**は、勉強だけでは得られないものでした。**厳しい練習に耐え抜いて、足りないところを全体練習のあとに自発的に補って、何度負けても立ち上がって前に進むこと**など、部活動を通じて、多くのことを学びました。

■人間関係の悩みは一生続くもの

私の場合は、学校の授業が苦痛で意義を感じなかったことが、学校を辞めたかった大きな理由の1つでしたが、人間関係が嫌で学校を辞めたいと思う人もいるでしょう。ただ、人間の悩みの9割は人間関係といってもよいくらいで、**大人になっても人間関係の悩みは続きます**。それを踏まえても、どうしても学校を辞めたい場合は、親に相談したうえで、代わりの場所をしっかりと考えてから辞めるのがよいでしょう。

まとめ

学校をつまらないと思う感性は、間違ったものではない。ただし、辞めたらもっとつまらなくなるという視点、つまらない中にも楽しいことを見いだす力も大切に。

その17

いじめはなぜダメか？

学校生活と切っても切り離せないものに、いじめ問題があります。これは、じつは学校特有の問題ではなくて、会社に所属してもあります。**およそ集団が存在するあらゆる場所に発生する可能性**があります。

大事なのは、集団といじめをセットと考えて、その対策をしていくことです。**集団の構成員と集団の管理者、それから第三者でいじめを監視して、未然に防いでいかなければいけません。**では、そもそもなぜいじめはダメなのでしょうか。

■ いじめほど、人を追いつめる行為はない

世の中には、耐えられないほど苦しいことがいくつかあります。たとえば、治らない病気、返しようのない借金など、本当に苦しいことがあります。そのなかでもいじめという

のは、最も苦しいことの1つで、**これ以上に人を追い込むものはない**ことを覚えておく必要があります。そして、いじめが苦しいものである理由に、次のことが挙げられます。

■ いじめは一人対集団で行われる

いじめが苦しいことの1つに、**一人対集団で行われること**が挙げられます。1対1ならふつうのけんかで、ある程度仕方ないものです。しかし、**いじめが恐ろしいのは、1対複数で行われること**にあります。

学校の教室があったら、その中に誰も味方がいません。一人に話しかけても無視されます。次の人に話しかけても無視されます。誰に話しかけても応答がない状況が想像できるでしょうか。いじめでは、**いじめられる側が圧倒的に弱い立場**になります。だから、どうあってもいじめを止めなければいけません。では、そもそもなぜいじめが起こるのでしょうか？

■加害者は、自分がいじめているとは思っていない

集団があるところにいじめが発生すると書きました。もう1つ理由として挙げられるのは、**いじめの加害者は、自分がいじめていると思っていない**場合があり、これが一番の問題になります。いじめが何であるかがまったく見えていないのです。だから、私たち大人や先生が、幼少期から、これがいじめにあたると声を大にして言い続けなければいけません。なぜなら、**どの子でもいじめの被害者になるだけではなく、いじめの加害者になる可能性があるから**です。小さないじめは、保育園や幼稚園の段階から発生します。

■何がいじめにあたるのか?

2013年の「いじめ防止対策推進法」での定義では、「いじめとは児童生徒に対して、当該児童生徒が在籍する学校に在籍しているなど当該児童生徒と一定の人的関係のあるほかの児童生徒が行う心理的または物理的な影響を与える行為」となっています。わかりづらいので具体的に挙げていくと、**集団からの無視、仲間外れ**です。それから、**1対複数**

で、ぶつかられたり、蹴られたりすることもあります。あるいは、**金銭の有無にかかわらず、ものを買ってこさせるパシリという行為もいじめ**でしょう。さらには、「**嫌なことや恥ずかしいこと、危険なことをされたり、させられたりする**」、「**持ち物を隠されたり、盗まれたり、壊されたり、捨てられたりする**」、「**お金をだすようにたかられる**」などもいじめです。手段の違いはあれど、**1対複数の図式がいじめの最大の特徴であること**を覚えておきましょう。

■いじめの傍観者《ぼうかんしゃ》はいじめの加害者と同じくらい悪いのか？

これは、私の子どものころから言われてきたセリフですが、あまり現実的ではないといわざるを得ません。私自身は、子どものころから、クラスや学校の中でも、たまたま強い立場の時期が長かったように思えます。ときに、担任の先生に呼び出されて、「クラスのあの子を守ってほしい」とお願いされたこともあります。そうであっても、自分と同じクラスならいざしらず、他のクラスのいじめを止めに入るようなことは決してできませんでした。クラスの中で強い立場にいた私ですらこんなものです。いじめを止めるというのは、みずから次のターゲットになるようなもので、とてもじゃないけど、恐ろしくてできない行為なはずです。いじめを止める具体的な手段としては、**加害者、被害者になる可能性のある子どもたちに、何がいじめにあたるのかを具体的に説明する**。そして、**その場の管理者である先生に、いかに簡単にコミュニケーションをとって、いじめの有無を伝えられるか**にかかっていると思います。先生のほうから、子どもたちに匿名《とくめい》のアンケートを取って、いじめの有無を確認する機会をつくるのも、必要な手段でしょう。担任の先生があてにならない場合は、自分の親、教頭先生、校長先生と、大人の力を必ず借りてください。

■ いじめの加害者は、ある瞬間に いじめのターゲットになる可能性がある

いじめに関して覚えておいてもらいたいのが、**いじめの加害者は、ある瞬間からいじめの被害者、すなわちいじめのターゲットになる可能性がある**ことです。オセロのように、一瞬で周囲が違う色に変わってしまいます。人間の集団心理や同調圧力というのは恐ろしいもので、一人なら正常に判断できる善悪の区別も、集団になるとまったくできなくなる場合があります。だからこそ、**目の前のいじめを止めろというような理想論は言いませんが、いじめの加害者に加わってはいけない**のです。

まとめ

いじめほど人を追いつめる危険な行為はないこと、いじめでは、仲間外れ、無視、暴力やパシリなどが、一人対集団で行われることを覚えておこう。いじめを止めるのは無理でも、決していじめの加害者になってはいけない。

その18

部活動と勉強のどちらかを優先すべきか？

部活動と勉強のバランスも、中学生や高校生の悩むポイントの1つでしょう。とくに部活動をやると、勉強の時間が取れなくなるから、部活動をやらないという決断をする人もいると思います。しかし、私自身や周囲の経験、それから多くの教え子を見てきた中で、この判断はあまり正しいとは思えません。

■ 文武両道《ぶんぶりょうどう》の効果

文武両道という言葉を一度は聞いたことがあると思いますが、「文」は勉強を指すと思っていただいてかまいません。「武」は、部活動やスポーツを指します。もちろん、スポーツが苦手な方は、吹奏楽部、合唱部、演劇部などでもかまいません。勉強が得意になりたいと思うほど、意外なことに**勉強以外の時間を増やすことで、勉強ができるようになる**ことがあります。

■ たいていの人はそんなに長時間勉強できない

部活動をやらずに、空《あ》いた時間をすべて勉強に費やしたら、その分勉強が得意になるように、誰しも思い込んでしまいます。ところが、**たいていの人はそんなに長時間集中して勉強できない**ものです。毎日椅子《いす》に長時間座り続けるのは、それだけで苦行のような側面があります。実際に、椅子に座る時間が長いほど体にマイナスの影響があり、血流も悪くなり、病気がちになると報告されています。

学校が午後3時に終わって、そこから寝るまでに毎日5時間とかは、なかなか勉強できないものです。たいていの人は、放課後に2～3時間勉強できればよいほうなのが現実です。ならば、**部活動をやって帰ってから、寝るまでに2～3時間集中して勉強するほうが、ストレスもたまらず、はるかに効率的です。**

■部活動のメリット

私は高校時代にバレーボール部に所属していて気づきましたが、運動がもたらす心身への効果は、たくさんあります。運動で汗をかき、大きな声を出すことで、ストレス発散になります。運動をすることで、長時間の勉強に耐えられる体力もつきます。勉強に必要な集中力もつきます。途中の小さな挫折を乗り越えて前に進む継続力や、遊びたい誘惑を断ち切ってそれに専念する自制心もつきます。**何より勉強は、メリハリが重要なので、部活動以外の空き時間や隙《すき》間《ま》時間の活用が上手になり、部活が終わってからの期間で成績がすごく伸びる人がいます。**

■部活動を辞めても勉強ができるようにはならない

私が高校生のころも、最初の定期テストの点数があまりに悪くて、部活動を辞めていく人たちがいました。しかし、部活動を辞めても勉強の出来はまったく変わらなかったと思います。定期テストの点数が悪いのは、部活動をやっているからではなくて、単純に勉強しなかったからです。その原因を見極めて、部活動を辞めるのではなくて、次の定期テストに向けて、勉強時間を増やすことを心がけてみてください。

■勉強と運動のがんばりが心の充実をもたらしてくれる

勉強しかやっていないと、テストの点数が悪いと、まるですべてを否定されたかのような錯覚に陥ってしまいます。**部活動をやっていると、たとえ勉強がふるわなくても「自分には部活があるから」という思いになりますし、「自分は勉強だけではない」という自負が、心の安定や充実感をもたらしてくれます。**

■スポーツが苦手な人は、合唱部、吹奏楽部、演劇部、美術部などを選ぶ

私はずっとスポーツをやってきたので、どうしてもスポーツ推《お》しになってしまいますが、スポーツが苦手な人は、合唱部、吹奏楽部、美術部などを選ぶとよいと思います。これらは、いわゆる芸術分野にあたりますが、芸術の効用とは、どんなものがあると思いますか？

■芸術に触れる時間は心の充実を届けてくれる

音楽を聴く、楽器を演奏する、絵を鑑賞する、絵を描くといった行為は、心の充実をもたらしてくれます。音楽を聴いて心がいやされたり、歌を歌ったりすることで、楽しくなってストレス解消になった経験がある人は多いでしょう。運動の効果として挙げた、**集中力、自制心、継続力などは、これらの文化的活動でも十分に身につけることができて、勉強にも良い影響がたくさんあります。**

■勉強は大事だけれど、勉強だけではない

私は、高校生に勉強を教える仕事をずっとやってきて、勉強の大切さは誰よりも身にしみてわかっているつもりです。一方で、人生は決して勉強だけではなく、勉強以外に大事なことはたくさんあります。中学、高校と勉強一色では、なかなか良い思い出は残らないと思います。

恋愛も友情も楽しんで、部活動もがんばってください。これらの要素は、大人になってからの自分を支えてくれます。中学や高校で勉強しかしないというのは、大人になってからも仕事しかしない人生と同じです。大人になってからも、恋愛や友情を存分に楽しんでほしいし、人間関係も大事にしてほしいのです。

私自身も、仕事中心の生活ではありますが、それでも日々運動するし、音楽も聴くし、映画も観るし、旅行にも行きます。このように、仕事や勉強をがんばろうと思うほど、じつはそれ以外の部活動などが、長期的に見ると、プラスに作用してくれることも覚えておいてください。

まとめ

部活動を辞めても勉強はできるようにはならない。運動や芸術活動が、集中力、自制心、継続力を与えてくれて、生活にメリハリが生まれて、勉強にもプラスになる。

第7章

生活力の大切さを知っておこう

その19

家事を手伝うと、生きていく力がつく

私の20代はうまくいかないことの連続でしたが、**そのときに決定的に欠けていたのが、生活力、いわゆる生きていく力**でした。「その10」で電気やガスを止められたことがあると書きましたが、その他にも、ここでは記せないこともあるほどボロボロの時代でした。勉強やスポーツさえできればよいと勘違いをしており、お金の管理や掃除、洗濯、炊事などのいわゆる生活力が足りなかったせいで、いろいろな歯車が狂っていった気がします。一人暮らしを長くしていたおかげで、徐々に生きていく力がついたわけですが、**10代のころにもうちょっと生活力というのを意識していたらなあ**と思うことがあります。

■ まずは、家事を手伝ってみる

いきなり何もできないまま一人暮らしをすると、なかなかうまくいかないので、実家にいる10代のころから、少しずつ生活力をつけていきましょう。そのための簡単な方法が、

家事を手伝うことです。親の負担を減らす意味もありますが、何よりも**いずれおとずれる自立をイメージして、少しずつできることを増やしていきます。**

■家事の全体の一部を毎日手伝うようにする

たとえば、食事を終えたら、家族の食器を片づけることを手伝います。いずれは、自分で食事の用意をして、食器を下げて、食器洗いをしなければならないので、その入り口だけでもできるようにしておきます。実家で暮らしているうちに、ご飯を炊いたり、カレーやパスタなどの簡単な食事はつくれるようにしておくとよいでしょう。

洗濯も、乾いたものを自分で畳んで洋服入れにしまうなど、自分の洋服くらいは自分で管理できるようにします。いずれは洗濯機を回して、服を干して、取り込む、畳んで、しまうという一連の作業をやることになるので、その一部だけでもやるようにします。このような一連の過程を何回か経験しておくと、後の自立に向けて、役に立つことでしょう。

掃除にしても、いずれは家全体を掃除して、きれいにすることが必要になります。フローリングワイパーなどを使うと、あっという間なので、せめて自分の部屋だけでも、床をきれいにすることを習慣づけてみましょう。

■ 家事は最初に触れる仕事

10代のうちから積極的に家事をやっていると、どういうメリットがあるかというと、**家事ができると、仕事もできる**ようになります。じつは、家事はあなたが最初に触れる仕事です。仕事というと、外で働いて、それにより賃金が発生するものと思っているかもしれませんが、**家事も立派な仕事の1つ**です。専業主婦の業務を月収で換算すると、30万円～50万円、年収で換算すると、500万円前後という試算も存在するくらいです。

■ 家事が仕事に通じる部分はたくさんある

トイレ掃除、排水溝の掃除など、**みんなが嫌がる部分の掃除や、表立ってわからない仕事を率先してこなすことは、実際に社会に出てからも役に立ちます**。ご飯を食べたあとにすぐに食器を洗うことは、**仕事の先延《さきの》ばしをしないこと**に通じるし、お風呂に入っている間に洗濯をすますことは、**マルチタスクといって同時並行で複数の仕事をこなすこと**につながります。朝に家を出るときごみを捨てるのも、**仕事の無意識の習慣化で効率を図ること**につながります。**家事が得意なことは、仕事が得意なことにつながる**のです。

■お金の管理も少しずつ学ぶ

それから、**お金の管理も、生活していくうえで大切な力の1つ**です。社会人になると、**働いて入ってきたお金で、その月の生活費をやりくりしていく**ことになります。給料から家賃、水道光熱費、携帯代などが引かれて、さらに飲食費、洋服代、交際費などがかかります。**全体を意識しながら計画的にお金を使うこと**も、簡単なようでいて、人によってはなかなか難しいことの1つです。

■今あるお金でやりくりする力が大事

お金が足りないと嘆《なげ》くのではなくて、今あるお金の中でやりくりする力が重要です。10代のうちにできるお金の管理は、月額のお小遣《こづか》いや仕送りの中でやりくりすることです。お金が必要になるたびに親にもらっていては、自立してからも、常に足りない足りないの繰り返しになります。欲しいと思ったらすぐに買うのでは、いつまでもお金の管理ができない人間になってしまいます。そのままだと、一人暮らしをしては困り、家庭をつくっては家族の足を引っ張ることになり、**お金の管理ができないことで生涯苦しむ**ことになります。だからこそ、10代の今から、お金の管理の大切さを理解して、少しずつ管理できるようにしていきます。

まとめ

生活力をつけることは、生きていく力につながる。家事の一部を手伝うことから始める。決められたお金を月単位でやりくりするお金の管理の基本も知っておこう。

その20

飲み物と食べ物が心と体に与える影響を知ろう①
——飲み物編

10代のころから少しずつ学んでいくとよいのが、食べ物、飲み物が自分の体力、気力、集中力などに大きく影響を与えていることです。運動ができるようになりたければ、食べ物と飲み物のことを考えるべきだし、勉強ができるようになりたくても、食べ物と飲み物のことを考えるべきです。なぜなら、**あなたの体は食べた物と飲んだ物でできているから**です。

■ 健康貯金は2、3年で食いつぶされる

実家で過ごしているうちは、親が食べ物、飲み物、お菓子などをコントロールして健康を管理してくれます。しかし、実家を出て暴飲暴食を続けていると、人によっては2、3年で健康貯金を食いつぶしてしまい、気づいたら心や体の調子がおかしくなってしまいます。

私の場合も、一人暮らしを始めてから、暴飲暴食に加えて、昼夜逆転のだらしない生活を送り、あっという間に実家での健康貯金を食いつぶしてしまいました。親のおかげで、いろいろなことがうまく回っていたことに、まったく気づいていなかったのです。実家を出たばかりの19歳、20歳くらいのころは、部活動で鍛えた肉体や若さのおかげで代謝もとてもよい時期だったので、何をやっても太る気がしないと勘違いをしていました。**暴飲暴食を重ねて、昼夜逆転の生活を送り、運動をしない生活を送っていると、誰しも太ります。**

■食べ物、飲み物は心にも影響を与える

運動不足に加えて、甘い物やお菓子、お肉やごはん、パンを食べすぎると、太って外見に変化が出てくるのは、簡単にわかるでしょう。さらには、**この暴飲暴食は、見た目だけではなく、心にも影響を与えます。**常にダルい、疲れやすい、集中力が続かない、食後に眠くなる、キレやすくなるといった影響が出てきます。今挙げた5つの影響は、すべてにおいてマイナスをもたらします。常にダルい、あるいはキレやすい人と仲良くしたり、そんな人を好きになったりしますか？　暴飲暴食は、友情や恋愛にも大きな影響を与えま

す。さらには、疲れやすい、すぐ眠くなる、集中力が続かない状態で、運動や勉強で成果を上げられると思いますか？　やはり、運動も勉強もうまくいかなくなります。**食べ物、飲み物は、友情、恋愛、運動、勉強と、10代で大事なあらゆることに影響を与えます。**では、食事や飲み物について、10代のうちからどういったことを意識していけばよいのでしょうか。

■水をしっかり飲む

数ある健康法の中でも、最も簡単でおすすめなのが、水をしっかりと飲むことです。もちろん、飲みすぎは逆効果なので、1日3リットルとかを飲むのは控えたほうがよいでしょう。しかし、1日に1・5リットル程度の水を飲むと、さまざまなプラスの効果が生まれるという研究結果があります。いつのタイミングで飲むのがおすすめかというと、まずは起床して朝食の前に、コップ1杯の水を飲みます。朝食後に2～3時間経過してから、コップ1、2杯、あるいはペットボトルで500ミリリットル程度を飲むとよいでしょう。次に、昼食後2～3時間が経過したら、夕食までにペットボトルで500ミリリットル程度を飲むことをおすすめします。最後はお風呂かシャワーあがりにコップ1杯程度の水を飲むとよいでしょう。ただし、寝る前に飲みすぎると、寝ている間にトイレに行きたくなるので、就寝前は控えるとよいでしょう。

■水を飲むと甘い飲み物を控えることにつながる

水を飲むと、甘い飲み物を控えることにつながります。この甘い飲み物というのがやっかいなもので、**いつもとっていると、低血糖という症状**を引き起こす可能性があります。

低血糖とは、体の血糖値が極端に下がることで、先ほど挙げたダルい、疲れやすい、集中力が続かない等の症状が出てしまいます。いつもダルそうにしているというのは、その人の性格の問題ではなくて、体質や食べ物や飲み物のせいであることも多いのです。もっとも、甘い飲み物をすべてやめるというのは、できない人もいるでしょうから、**甘い飲み物を減らす、その代わりに水を飲む**ことを心がけてみてください。続いて、水を飲むことで得られる直接的な効果を紹介していきます。

■水を飲むとダイエット効果がある

意外かもしれませんが、**水を正しく飲むとダイエット効果があります。**それまで水を飲む習慣のなかった人が、先に挙げたように、1日1・5リットル前後の水を毎日飲むと、間食もおさえられるので、体重がするすると落ちていきます。英国のバーミンガム大学の研究者が、肥満の成人84名を対象に、**毎食30分前に500ミリリットルずつの水を飲む**という条件で体重の増減を調査しました。1日3回、食事の30分前に500ミリリットルの水を飲む、というルールを守った人たちは、**12週間後に平均4・3キログラム体重が減少した**という結果が得られたそうです。

■水を飲むことでアレルギー症状が改善した

私自身が、幼少期からアトピーといわれるアレルギー性皮膚炎に悩まされ続けてきました。近年水をしっかりと飲むようになってからは、ほぼアトピーの症状が出なくなりました。私の感覚では、**肌の表面を気にするよりも、体の内面を水で満たすことで、肌が内側**

から潤《うるお》ってきたのです。アトピーに悩まされていた時期には、今ほど知識がなかったので、毎日のように肌に薬を塗るだけの日々でした。ところが、**水を飲むことで便秘が解消されて、体の中から潤うようになってから、あれだけ長年苦しんでいたアトピーに別れを告げる**ことができました。

■ 水を飲むと集中力が高まる

さらに、**水を飲むと集中力を高める**ことができます。英国イースト・ロンドン大学とウェストミンスター大学両心理学部の共同研究で、**テストの前に500ミリリットルの水を飲んだ人は、飲まなかった人と比べて14％も脳の反応能力が速くなる**ことが発表されました。もっと下の年齢の人たちにも、その効果は見られるようで、**水をたくさん飲んだ子どもたちは、集中力と記憶力のレベルの向上が見られた**そうです。なんだか勉強に集中できないなと思ったとき、コップ一杯の水を飲むようにしてみてください。

まとめ

食べ物や飲み物が心と体に影響を与えている。水をしっかり飲むことで、ダイエットができて、肌もきれいになり、集中力も高まることがあるのを覚えておこう。

その21

飲み物と食べ物が心と体に与える影響を知ろう②
——食べ物編

飲み物と同様に、何を食べるか、そして何を食べないかも重要です。もっとも、あまりこだわるのは現実的ではないし、好きなものを食べるのも喜びの1つなので、まずは食べ物を変えること以外の方法を、紹介します。

■ 食べる順番を変えてみる

これもダイエットにも効果がありますが、**食べ物をとる順番を変えると、食後に眠くなるのをおさえる**ことができます。たとえば、一般的な定食を想定すると、いきなり大好きなお肉を食べて、相性のよいご飯を食べる、というのではなくて、まずは**みそ汁などの汁物で胃腸を温めます。次に野菜を食べます。そのあとに、お肉や魚などのタンパク質を食べて、最後にご飯を食べるという順番で食事**をします。たったこれだけのことで、ダイエットにつながり、食後の眠気をおさえることもできます。では、ダイエットにつながり、体力や集中力を増す食べ物に関して、少しずつ説明していきましょう。

■三大栄養素を知る

食べ物には三大栄養素というものがあって、これらに加えて、微量栄養素を上手にとると、体型が維持され、体力、集中力が増して、病気にもかかりづらくなります。まず、**三大栄養素とは、タンパク質、脂質、炭水化物**のことです。次に、**微量栄養素とは、ビタミン、ミネラル**のことで、これらも体がうまく機能するのにとても大切なものです。

■良質のタンパク質をとる

三大栄養素の中で最も重要なのが、タンパク質です。とりわけ良質のタンパク質をとることをおすすめします。いわゆるタンパク質には、肉、魚介類、チーズなどの乳製品などに含まれる**動物性タンパク質**と、納豆や豆腐に代表される**植物性タンパク質**があります。動物性タンパク質の中でも、良質なタンパク質を含む食品に、鶏肉《とりにく》、魚が挙げられます。牛肉や豚肉も栄養素が豊富ですが、脂肪分も多いので、鶏肉がおすすめです。なかでも、

鶏むね肉は白いお肉といわれており、タンパク質が豊富で脂質が少ないので、ボディビルダーなどにも愛される最もヘルシーなお肉といえるでしょう。ぱさぱさしておいしくないといわれることもありますが、塩コショウで炒めて、焼きたてを食べると十分おいしくなります。

■ 卵は完全栄養食品

私は毎日必ず食べますが、**卵は完全栄養食品**といわれており、非常に栄養価が高い食品の1つです。脂肪も良質のものといわれているので、積極的に摂取することをおすすめします。「完全栄養食品」といわれるゆえんは、ビタミンCと食物繊維以外のすべての栄養素を含んでいる点にあります。タンパク質、脂質のほか、ビタミンA、ビタミンE、ビタミンB群、レシチンなどが豊富に含まれているので、アレルギーがなければ1日1個は食べることをおすすめします。

■魚を食べると頭が良くなる？

私が子どものころから、「魚を食べると頭が良くなる」と言われていましたが、これには真実味があります。というのも、結局のところ勉強しないと頭は良くなりませんが、**魚には脳や全身の血流を良くするＤＨＡ、ＥＰＡという良質な脂肪酸が含まれているから**です。この良質な脂肪酸には、血栓をできにくくして全身の血流を促し、コレステロール値や血圧の上昇をおさえる作用があります。肉の脂肪は取りすぎると体に悪いのですが、**魚には、豊富なタンパク質に加えて、体にとても良い成分も含まれるので、ぜひ積極的に摂取してください。**

■植物性タンパク質も毎日摂取する

ここまでで鶏肉、卵、魚をおすすめのタンパク質を含む食品として挙げましたが、植物性タンパク質もおすすめです。なかでも、納豆や豆腐には、動物性タンパク質にはない食物繊維が含まれるので、おなかの調子を整えてくれます。卵と並んで、**納豆も完全栄養食**

品といわれているので、積極的に食べることをおすすめします。とくに、動物性タンパク質と植物性タンパク質を一緒にとることは、筋肉の維持にはとてもよいので、おすすめです。

■炭水化物は、もち麦ご飯がおすすめ

タンパク質を含む食品を摂取することで、三大栄養素の2つであるタンパク質と脂質を同時に摂取できますが、炭水化物もとても重要です。炭水化物抜きダイエットが一時期はやりましたが、炭水化物を減らすことはおすすめできても、完全に抜くのはまったくおすすめできません。炭水化物を含む食品には、お米、パン、そば、パスタ、ラーメン、うどんなどがありますが、**私たち日本人のソウルフードともいわれるお米がおすすめ**です。なかでも、**もち麦ご飯**がおすすめです。パンやパスタ、うどん、ラーメンはいわゆる小麦製品にあたります。余分な脂肪や、グルテンといわれる消化しづらい小麦製品特有のタンパク質が含まれているので、太りやすく、おなかの調子が悪くなる人がいます。一方で、**お米やそばは脂肪分が少ないので、ヘルシーでおなかの調子が整いやすくなります。**もっとも、食べすぎると太るので、適量におさえるとよいでしょう。

■野菜と果物は、食物繊維とビタミン、ミネラルが豊富

私も子どものころから「野菜をたくさん食べなさい」と言われてきましたが、栄養素のことを理解すると、その意味がよくわかります。先に挙げた三大栄養素は、体のエネルギー源になりますが、微量栄養素といわれるビタミン、ミネラルがないと、これらの栄養素がうまく機能しません。**そのビタミン、ミネラルが豊富に含まれているのが、野菜と果物**なのです。さらに、**野菜と果物にはおなかの調子を整えてくれる食物繊維が含まれています**。おなかの調子を整えて、毎日の排泄《はいせつ》があることで、体力が続き、集中力が高まり、運動も勉強もはかどります。病気を予防して、体を強くしてくれるので、野菜を毎食摂取することをおすすめします。なかでも、**キャベツには、キャベジンという胃薬の由来にもなっているビタミンUが含まれているので、積極的に摂取するとおなかの調子もよくなる**ので、おすすめです。

まとめ

食べる順番を変えるだけで、ダイエットもできて、集中力も高まる。良質なタンパク質、炭水化物、脂質と野菜、果物が強い体をつくってくれることを覚えておこう。

第8章

大切な価値観を身につけよう

その22　利他的《りたてき》な精神を学ぼう

その23　人と比べない、自分だけの物差しを持とう

その24　因果応報《いんがおうほう》の教え

その22

利《り》他《た》的《てき》な精神を学ぼう

世の中には、大切な価値観がたくさんありますが、ここでは「**利他的な精神**」を紹介したいと思います。「**利他的**」とは「**他人を利する**」と書いて「**他人のため**」という意味です。反対の概念は「利己的《りこてき》」で「己を利する」と書いて「自分のため」という意味です。10代のうちは、自分のことをしっかりとやることが大事ですが、大人になるにつれて、「**自分以外の誰かのために**」という意識が、人生を豊かなものにしてくれます。まずは、自分の近くにいる人を大事にすることから始めてみます。10代の皆さんであれば、自分の親、兄弟、親戚、友人、恋人などを大切にして、その大切な人のために生きるのです。そして、大人になって結婚したら、その相手を大切にして、その相手との間に子どもが生まれたら、その子どものために生きるのです。しかし、こうしてみてくると、「利己的に」生きて、自分の欲望を満たせたほうが得なんじゃないかと思う人もいるでしょう。そういった方々に、次の言葉を紹介したいと思います。

■「情けは人の為《ため》ならず」

私が子どものころにはこの言葉を、「情けをかけると相手のためにならない。だから、相手に厳しく接してあげたほうがよい」と解釈していました。ところが、この解釈は誤りです。この言葉は、もともと旧五千円札にも描かれた新渡戸稲造《にとべいなぞう》がつくった詩の一部になります。この表現が含まれている部分を紹介します。

> 施《ほどこ》せし情は人の為ならず　**おのがこころの慰《なぐさ》めと知れ**
> **我れ人にかけし恵《めぐみ》は忘れても**　ひとの恩をば長く忘るな

簡単に要約すると、「情けは人のためではなくて、**自分のために行うものだ。**自分が人に与えた恵は忘れても、人からもらった恩は忘れてはいけない」となります。すなわち、「**他人に与えた優しさは、めぐりめぐってまた自分にもよい報《むく》いとして来る**」と、とらえることができます。**他人のためにと思ってしたことが、最終的に自分にも良いこととなってめぐってくる**ということですが、私自身も何回もこの現象を経験しています。そして、その経験には、もう1つ忘れてはいけないメッセージが込められています。

■自分の行為に見返りを求めない

先ほど紹介した、新渡戸稲造が詠んだ詩の中に、「**我れ人にかけし恵《めぐみ》は忘れても**」という一節があります。「**他人にかけた優しさを忘れても**」という意味なので、**自分の相手への優しさに見返りを求めない、相手に恩を着せない**ということでしょう。**自分がかけた優しさに対して、だからあなたも何かしろという打算的な行為ではなくて、自己完結の優しさを**説いています。ここで説かれているのは、**その相手から直接的な何かが返ってこなくても、めぐりめぐって自分に何かが返ってくる**ということなのです。

■利他の範囲を少しずつ広げてみる

ここまで、利他的な精神の価値を伝えてきましたが、その価値が理解できたら、今度はその**利他の範囲を少しずつ広げていきます。この利他的な精神の広さで、自分の器《うつわ》ともいうべきものが決まる**と思ってください。まずは自分の周りに幸せを届けて、それができたら、もう少しその範囲を広げていきます。学校や仕事でかかわる人、そして、電車や街頭《がいとう》を行きかう人。さらには、世界で過酷な状況のもと生き抜いている人たちにまで、その範囲を広げてみてください。

■日本には寄付文化が根づいていない

２０２２年にイギリスに本部のある慈善団体《じぜんだんたい》が「世界人助け指数」という調査を行いました。「寄付行為、ボランティア活動をしたか？」あるいは「見知らぬ人を助けたか？」などの質問に対する回答を国ごとに集計したものですが、**日本は１１８位と世界ワースト２位でした**。寄付行為が社会的に根づいていないことのあらわれですが、少しずつこの現状は変えていくべきでしょう。

■身近なところから始めてみる

寄付行為というのは、何も金銭的な活動に限ったことではありません。電車でお年寄り、小さな子ども、妊娠をしている女性に席を譲る、ベビーカーを運ばなければいけない母親を手伝う、こういった小さなことから始めてみてください。

私も、道に迷っている外国人を見かけたら、時間が許す場合は、目的地まで案内することがあります。数年前に、街中で両替所《りょうがえじょ》を探している外国人が数人いました。そこから最寄りの両替所は、道を説明するにも難しい場所だったので、「案内するよ」と言ったら、とても喜んでくれました。そんな行為でも、日本のことをよく思ってくれて、私たち日本人が外国を訪れたときに、同様の親切が返ってくるかもしれません。そして、そのとき案内した人たちは、偶然にもウクライナの人たちでした。それから、数年後に戦争が起こってしまいました。ウクライナ大使館への寄付行為のようなものしか、私にできることはありませんが、何らかの運命を感じた出来事でもありました。

■ 強きをくじき弱きを助ける

「利他的な精神」と近い表現に、「**強きをくじき弱きを助く**」という言葉があります。明治時代初頭の歌舞伎の舞台詞《ぶたいせりふ》に由来するそうです。要は、「**権力をふるい、横暴な者に立ち向かい、被害を受けている弱いものを助ける**」という意味です。**利他の精神にある「自分以外の誰か」の精神に、自分より立場の弱い人を入れてみます。**

大学の授業で学んだ内容ですが、イギリスという国は、紳士（ジェントルマン）の国として知られていますが、紳士の根底には、**騎士道精神**というものが流れているそうです。何もスーツとネクタイをつけていれば紳士になれるわけではありません。教養や品格、精神などの内面が備わってはじめて紳士といえるようです。その根底にある騎士道精神には、「**騎士たるもの、常に女性を守るべし**」、「**騎士たるもの、貧しき者や弱き者を慈《いつく》しみ、擁《よう》護《ご》すべし**」といった戒律《かいりつ》があります。「強きをくじき弱きを助く」という精神は、世界にも通用する考えだとわかります。**自分以外の誰かのために生きることの尊さを学び、その誰かの中に、身近にいる人に加えて、自分より立場の弱い人を入れてみてください。**「利他の精神」は一生自分を支える大切な価値観になるはずです。

まとめ

自分以外の誰かのために生きる「利他の精神」の尊さを学ぼう。そして、利他の範囲を少しずつ広げてみよう。

その23

人と比べない、自分だけの物差しを持とう

今の世の中は、**気づいたら他人との競争に時間もお金も費やされて、気づかないうちに、一番大事な心がすり減ってしまう時代です。**小学校から徒競走で、隣の人とのタイムを競い合い、順位をつけられて、中学、高校では学校の成績で他人との競争にさらされます。大学受験でも、他人との激しい競争にさらされて、社会人になると、職業、会社名、その会社内の課長や部長などの役職名、年収の競争にさらされます。私自身も例にもれず、今挙げてきた競争社会で生きてきたわけですが、どうやって心がすり減るのを防《ふせ》いできたか、参考までに紹介していこうと思います。

■ 常に自分の中の最善を尽くしてきた

何らかの結果が求められるとき、**常にそのときの自分にできるベストを尽くしてきました。**それは、**隣の人を上回ったからよしとするのではなく、そのときの自分なりのベスト**

を尽くせたかどうか、自分なりに納得がいくかどうかを大事にしてきました。そうやって、その時々で自分の最善を尽くしていると、少しずつ道が開けてくるものです。

■「うちはうち、よそはよそ」の精神

幼いころから、親に「友達は何かを持っているから自分も欲しい」とおねだりすると、ことごとくこの答えが返ってきました。「**うちはうち、よそはよそ**」と、親が子どもによく言うセリフですが、とても的《まと》を射《い》ている表現だと思います。**うちはうちの基準で決める、よそと比べて何かをすることはない**という意味です。親が自分の物差しを持っている人間だったので、そういった点では、幼少期から周囲に流されることなく生きていくことができました。

■隣の芝生は青く見える

人と比べずに生きていけるようになるための言葉に、もう１つ、「**隣の芝生は青く見える**」という表現があります。これは、自分の家の芝生よりも、隣の家の芝生のほうが青々

として見えるという意味ですが、要は**他人の物がよく見えてしまう**という内容です。**物事を外から見た状態というのは、中身が見えずに表面上のことしかわかりません。**いくら表面上キラキラしているように見えても、中身はどんなつらい状況と戦っているのかわかりません。そのことがわかると、人と比べることは実に意味がないことだとわかります。そして、人と比べて優越感にひたるのも、人と表面だけ比べて劣等感にさいなまれるのも、おかしいとわかります。

■隣の人との競争は嫌い

意外かもしれませんが、数々の競争社会を生き抜いてきたようでいて、**私自身は人との競争がずっと嫌い**でした。**近くにいる人と比べるのは、なんだか狭い世界に入り込むようで、スケールが小さく思えてしまっていたから**なのではと思います。ただ、隣の人とだったら醜《みにく》く映る競争でも、とらえ方を変えると、モチベーションの1つになる方法がありました。

■個人競争をチーム間競争に置き換える

個人競争が嫌いだった私も、チーム間競争では、常に誰よりも燃えていたように思えます。チームを背負っての競争や、学校を背負っての競争では常に張り切って先頭に立ってきました。そこで得られる一体感やチームワークは、とても心地よいものでした。だから、**人と比べる、人と競争するのが嫌な方は、チーム間競争に置き換えることで、競争を前向きにとらえられる**のではと思います。

「その5」で「人と違っていることはよいことだ」と述べたように、**自分の基準や、自分の物差し**を大事にして、人とのむやみな競争は避けて通ることをおすすめします。**自分のペースで、自分の価値観を大事にして、人と比べない**、そうした強さを持つと、豊かな人生が送れるでしょう。

まとめ

人と比べるのをやめて、自分だけの物差しを持とう。隣の人と比べて優越感や劣等感を抱くのではなく、いつもそのときの自分がベストを尽くせたかどうかを大事にしよう。

その24

因《いん》果《が》応《おう》報《ほう》の教え

「その8」で説明した因果関係と似ていますが、**因果応報の教え**とは、仏教の考えの1つです。すなわち、**善《よ》い行いをすれば善い報《むく》いがあり、悪い行いをすれば悪い報いがある**という意味になります。私が高校生のころ、めったにおもしろいことを言わない先生が、この因果応報の教えを説明するときに、「肘井は後ろに行ってからますます寝ている。だから、ますます成績も下がる」と私のことをたとえ話に出されたことがあります。高校生のときは、学年で3本の指に入るくらい授業中寝てばかりいました。席替えをして後ろに行ったときに、もともと寝ていたのがますます寝るようになったことを指摘して、当時の先生はそうおっしゃっていました。

「その22」で紹介した「**情けは人の為ならず**」と同様に、これも10代のうちに知っておくとよい考え方でしょう。

■「善い行い」とは何か？

では、そもそも**「善い行い」**には、いったいどのようなものがあるでしょうか。身近なものから挙げていくと、**人助け、募金、献血、ボランティア、お礼を言う、勉強する、仕事をする、**こういったところでしょうか。**物を大事にする、家族を大事にする、友人を大事にする、恋人を大事にする、約束を守る、正直である、**こういったことも挙げることができるでしょう。これらのことをやっておけば、自分に善い報いが返ってくるということです。

一方で、因果応報の教えが最も強く説かれるのは、**「悪い行い」をしたときに、悪い結果を迎えてしまうという文脈になります。**

■「悪い行い」とは何か？

たとえば、**物を盗む、人を傷つける、人を裏切る、悪口をいう、嘘をつく、約束を破**

る、**ルールを破る**といったことが挙げられるでしょう。これらの行いをすると、自分に悪い報いが返ってきます。

しかし、あらためてみるとどうでしょうか。大人でもこうしたことを平気でやる人がたくさんいることがわかります。**子どものころに知っておくべき、学んでおくべきことも、大人になると忘れて、あるいは悪いと知りつつもやってしまう人が、一定数いるのも確かです。**なぜ、悪いと知りつつこれらの行為に走る人が多いのでしょうか。

■ ばれなければ悪いことをやってもよいのか？

こうした悪い行為に走ってしまう理由の1つとして、**悪いことをやってもばれなければよいだろう**という気持ちがあると思います。そういう人たちは、極端な話、店員がいなければお店の物を盗む行為も犯してしまうのでしょう。

■自己規律《じこきりつ》の大切さ

あなたは、「**自己規律**」という言葉を知っていますか？　自己を規律する、すなわち**人に見られているからとか、誰かに叱られるからという外的な動機づけではなくて、自分の内なる動機で行動すること**です。私自身にとっても、この自己規律はつねに重要なテーマで、**人に見られていないところでも、いかに自分を律することができるか**が人生の分かれ目になります。

子どものうちは、「親に叱られるから」、「学校の先生に叱られるから」、こういった外的な動機づけがきっかけでかまいません。しかし、**大人になるにつれて、外的な動機づけから、内的な動機づけに変わっていく必要があります。**大人になると、注意してくれる存在などいません。**自分で、自分の行動を律するしかない**のです。あなたも、この「**自己規律**」の大切さを理解して、自分の生きる指針にできると、豊かな人生を送れることでしょう。

先に挙げた「**悪い行い**」の中で、「**嘘をつく**」という行為を説明しました。理想は、もちろん嘘をつくべきではないのですが、現実は少し異なるようです。

ある実験によると、人は1日に平均して3回の嘘をつくそうです。これが事実だとすると、世の中の誰もが嘘をついており、年間にして1000回程度の嘘をついていることになります。**ならば重要なのは、嘘をつかないことよりも、どのような嘘をつくかということ**になります。

■ white lieとblack lie

嘘の中でも、人を助けるための嘘を英語ではwhite lieといいます。white magic「白魔術」が天使や精霊の力を借りて、奇跡を起こしたり体の治癒や回復をはかったりするものであることからもわかるとおり、white「白」には、古代からプラスのイメージがありました。

white lie「良い嘘」とは、相手を前向きな気持ちにさせて、少しでも幸せになってもらうための嘘のことをいいます。「良い嘘」の1つ目に、相手に残酷な事実を突きつけないための嘘があります。たとえば、死期が近い病人に嘘の病名を言うのは、残りの人生を安らかに過ごしてもらいたいという願いからです。「良い嘘」の2つ目は、たとえば冗談を言ってその場を和《なご》ませるための嘘などがあります。

一方で、「black lie「悪意のある嘘」も存在します。black magic「黒魔術」が悪魔の力を借りて人間に害を及ぼす魔法であることからもわかるとおり、blackにはマイナスのイメージがあります。「悪い嘘」の1つ目には、たとえば自分の悪事を正当化したり、隠したりするためにつく嘘があります。嘘をつく動機が悪いのです。「悪い嘘」の2つ目は、人の信頼を損ねる嘘です。こうした嘘は極力避けるべきでしょう。

まとめると、嘘は原則としてつくべきではありません。それでも、状況により嘘をつくことで誰かを傷つけるのを避けたり、誰かの心を救えたりすることがあるのも覚えておきましょう。一方で、自分の悪事を正当化して、自分の身を守るための嘘は決してついてはいけないものだと肝に銘じておきましょう。そういった嘘を一度ついてしまうと、次から次に嘘で塗り固めた人生になってしまいます。

まとめ

因果応報の教えとは、善い行いは善い結果として、悪い行いも悪い結果として自分に返ってくることを意味する。人に見られていないときこそ自分を律する自己規律の大切さ、それから嘘にも2種類あることを覚えておこう。

第9章

これからの時代を生きる

その25

SNSの良い面と悪い面を知ろう①——LINE編

現代を生きる多くの人にとって、SNSは切っても切り離せないツールの1つでしょう。SNSとは、Social Networking Serviceの略で、インターネット上のコミュニティサイトなどのサービスのことです。SNSにはX（旧Twitter）、LINE、Facebook、Instagramなどがあります。私自身も、X（旧Twitter）やLINEは長年使っているので、良いところも悪いところも知っています。SNSにかかわらず、およそどんなことでも功《こう》罪《ざい》といって、プラスとマイナスの側面があります。よって、**マイナスの側面を認識してコントロールしながら、プラスの側面を受けとることが大事**です。SNSは、プライベートで使用するものと、これから先、仕事で使用する可能性があるものに分かれるので、別々に紹介していきます。

■プライベートで使うSNSの良いところ

プライベートで使うSNSの良いところは、簡単に友人、恋人、家族と連絡がとれることでしょう。私もプライベートでの連絡手段でLINEを使っていますが、これは便利だなあというのが実感です。メッセージを送って、履歴を追いながら瞬時に返信も受けとれるのは、従来のメールなどにはない利便性があります。よって、これは使わない手はないでしょう。ちなみに、長年LINEは使っていますが、いまだにアイコンには写真を使用せず、スタンプも使用せず、連絡先を交換するのも難しいので、LINEの上級者とはいえません。一方で、LINEの欠点もいくつか知っているので、次から紹介していきます。

■既読スルーって、どういう意味？

LINEの世界では、「**既読スルー**」という用語があります。「既読スルー」とは、相手はすでにそのメッセージを読んでいるはずなのに、それに対して返信がないという意味のようです。ちなみに、**私が「既読スルー」されたらどう思うかというと、とくに気にしません。**私自身のコミュニティでは頻繁《ひんぱん》にこの「既読スルー」があるので、そもそもイレギュラーなことではないからです。**相手にすぐに返信を求めるのもよくありません。返信がないときは、今忙しくて手が離せないとか、メッセージを読めても返すほどの余裕がないのだろうと、相手の立場を想像します。**あるいは、**自分の送ったメッセージが返信のしようがないような、いわゆる空気を読めないメッセージ**なのかと、自分を振り返ります。

私の場合は、昔の男友達とのどうでもよい内容をＬＩＮＥでやり取りしているだけなのでこんな感じです。しかし、ＬＩＮＥの送信相手が好きな相手とかの場合は、少し勝手が変わってくるかもしれません。

■ 好きな相手に既読スルーされたらどうする？

好きな相手にＬＩＮＥを送るだけでドキドキなので、それに対して、読んだのに返信がないというのは、やきもきさせられるかもしれません。その場合も、**好きな人だからこそ、心の余裕を持つとよいでしょう。**相手の立場を想像して、今忙しくて手が離せない、あるいはメッセージを読めても、返すほどの余裕がないのではと思ってください。

■ＬＩＮＥをたくさん送っても相手が自分を好きになることはない

ちなみに、**好きな相手にＬＩＮＥをたくさん送ったところで、相手がそれをきっかけにふり向いてくれることはない**と思ったほうがよいでしょう。**返信がいつも遅かったり、返信がなかったりするというのが、相手のあなたへの感情**なのです。あまり好きではないものを、ＬＩＮＥでいかなるメッセージを送ったところで好きにさせることはできません。**そういった相性の悪い相手にいつまでも執着するよりも、自分に好感を向けてくれる、相性の良い相手を大切にするとよい**でしょう。

■グループＬＩＮＥをどうするか？

グループＬＩＮＥは注意が必要です。１対１のやり取りであれば問題ないものも、１対複数というのは常に難しいものです。なぜならば、**全体に対して発するメッセージは難しく、全員が知りたいメッセージなど、そうそうないから**です。そこでは、**無用な同調圧力**

が生まれて、本当はやりたくないのにやらざるを得ない空気にのみ込まれてしまいがちです。その結果、**本意ではない行動につながる可能性が高くなります。**

もちろん、そこに参加しないことで、集団の輪から外れるリスクも生まれてしまいます。よって、**グループLINEに参加しても、最低限のやり取りで済ませる。そして、用件がある場合は、個別に尋ねて、1対1の関係でコミュニケーションをとるほうがよい**でしょう。

■ LINEで真剣な議論はしない

これも覚えておいたほうがよいのが、**LINEで真剣な議論や熱い議論、そして口論などはしない**ことです。やはり、対面のコミュニケーションと、ネットを使ったコミュニケーションは異なります。「その12」で書いたとおり、いかなる人間関係にも、遠慮や配慮は大事です。それをなくすと、どんな関係でもうまくいかなくなります。対面で通常するだろう配慮は、ネットではしないことも多いです。だから、ネットでのコミュニケーションは、通常よりもよくない方向に進む可能性があります。**何か白熱した議論になりそ**

うな場合、ネットではうまくいかない可能性を認識して、それ以上続けないこと、あるいは込み入った話は直接会って話しましょうと提案してみます。対面ではうまくいく人間関係も、ネットで壊されてしまう危険性があることをしっかりと認識しておいてください。

まとめ

個人で使うLINEは、コミュニケーションにとても便利なもの。一方で、グループLINEは注意が必要なので、最低限のやり取りで済ませて、1対1のコミュニケーションをとる。LINEで込み入った話は避けて、直接会って話すようにしよう。

その26

SNSの良い面と悪い面を知ろう②
——X（旧Twitter）・Instagram編

■InstagramとX（旧Twitter）の功罪

10代にはInstagramが人気で、X（旧Twitter）を使用している人も多いでしょう。**私自身も、XはTwitter時代から長年使用していますが、ふつうでは考えられない経験をした**こともあります。参考書の誤植などの指摘に対して、同業者がその間違いを拡散させようと、一斉に反応して攻撃されたことがあります。

■常識が通用しないのがSNSの世界

通常では、そもそも参考書の誤植をSNSなどでは指摘するべきではなく、かつ同業者がその指摘をおもしろがって拡散させるべきではありません。参考書を1冊でも書いた経験があれば、誤植をゼロにするのがいかに難しいかがわかります。参考書の誤植などは、出版社の報告フォームなどに連絡して、その返信を待つべきです。しかし、**これらの常識が通用しないのがSNS**です。

■ SNSは、言葉の暴力が飛び交う世界であることを知っておく

SNSは、通常の世界では考えられない言葉の暴力が飛び交う世界です。**SNSであるがゆえに、面と向かっては口に出さない、腹の奥底に眠っている汚い言葉や暴力的な言葉が平気で行きかう世界**です。だから、その危険性を認識して、**使い方に慎重になる、そもそも使わない、いつでもやめられる**、これらの選択肢をしっかりと頭に入れておきます。そもそも、**昔はSNSなど存在しなくても、十分に豊かな生活ができていた**ことも忘れてはいけません。

■ 承認欲求を追い求めても幸せにはなれない

Instagramで映《ば》えを意識してきれいな写真、イケてる風の写真を撮ることに夢中になる

人もいます。けれども、本当の満足とは、自分の心の中で感じるものであって、人からの「いいね」の数や拡散数で測れるものではありません。**幸せは、自分の心の外に見いだすのではなくて、自分の心の中にあるもの**です。**人目をいつまでも気にして、写真をパシャパシャ撮ってSNSに上げている人がいる一方で、自己完結で幸せを感じることのできる人は、心の中でゆっくり、その瞬間を味わっています。**きれいな景色を写真に収めて思い出として残しておきたい気持ちを否定する気は毛頭《もうとう》ありません。しかし、それを不特定多数が閲覧できるSNSに掲載するのは、まったく趣旨が異なってきます。

■ 隣の芝生は青く見える問題

Instagramの映えにとりつかれていると、「その23」で説明した、「隣の芝生は青く見える」状態にいつの間にか陥ってしまいます。映える写真を上げられない自分は不幸に思えて、映える写真をたくさん上げている周りは幸せな人たちばかりに見えてしまいます。本当に幸せを感じているなら、そんな写真をSNSに掲載しなくてもよいのです。**キラキラしているのは写真の中だけで、本当のところは誰にもわからない**ことも覚えておきましょう。

■個人情報を守る必要性

ＳＮＳで注意が必要なのが、個人情報を守ることです。個人情報とは、名前、住所、性別、年齢、所属する学校、会社、家族構成などです。これらが漏れることで、**自分のみならず、家族も犯罪に巻き込まれるおそれ**が出てきます。住所を知られることで変なものを送りつけられたり、あとをつけられてどこかに連れ去られて危害を加えられたりする可能性があります。ＳＮＳのダイレクトメッセージで連絡先を交換して、直接会った相手が犯罪者であるかもしれません。だから、個人情報は基本的にＳＮＳで公開しないようにします。そして、ＳＮＳ上で知り合った人と直接会うのは極力避けるようにします。

■アカウントを非公開にする、ブロック、ミュート機能を使う

それから、自分を守る手段として、アカウントを非公開にして相手が誰かわかる人しか閲覧《えつらん》を許可しないように設定します。こうすることで、安全にＳＮＳを使用できるでしょう。そして、ひどいメッセージを送ってくる相手には、ミュートやブロック機能を使っ

て、メッセージが見えないようにする、送れないようにするという設定を使ってください。

■ X（旧Twitter）、Instagramの良い点

ここまでInstagram、Xの危険性を挙げてきましたが、もちろん良い側面もあります。たとえば、**有名人のアカウントやお店のアカウントから、情報が手に入ること**。そして、好きな芸能人やスポーツ選手などの画像や映像を見て楽しめることなどがあります。おいしいお店のメニューや、旅先の景色を見ることもできます。

■ 社会人が利用するSNSのメリット

そして、SNSには、社会に出たら**企業や個人事業主として、自分のビジネスの宣伝ツールになるというメリット**があります。多くの芸能人やスポーツ選手がSNSをやっているのは仕事のためという理由が多いでしょう。自分がかかわるサービスやイベントを紹介すれば、宣伝になるからです。

そして、最後にＳＮＳを利用するにあたってこれだけは覚えておいてください。

■光が当たる面積が増えるほど、影の面積も大きくなる

光が当たるとは、いわばスポットライトが当たることです。世間で取り上げられたり、有名になったりすることと理解してくれたらよいでしょう。影の部分とは、マイナスの部分です。心ない誹謗中傷《ひぼうちゅうしょう》を受けたり、傷ついたりすることもよくあります。それを越えてでも有名になりたい、成り上がりたいという人は、おおいにその道を進むとよいでしょう。しかし、平穏な生活を望んでいる場合や、とくに強い承認欲求がない場合は、ＳＮＳの利用はほどほどにして、いつでもやめられるツールだと覚えておいてください。

まとめ

InstagramやXは、可能性とともに危険性もはらんでいることを理解しておこう。承認欲求に傾きすぎない、個人情報を保護する、SNS上で知り合った人と直接会わない、こうした予防策を持ったうえで利用しよう。

その27
変化できるものが一番強い

現代は、私が育ってきた昭和・平成前半の時代とは大きく変わってきているように思えます。とくに、**テクノロジーの発達によって社会が大きく変わってきています**。私が小さいころは、携帯電話などなく、固定電話と公衆電話しかない時代でした。インターネットも全然発達しておらず、何かを調べるには辞書や百科事典、図書館でその分野に関する本を探す時代でした。メールやＬＩＮＥのような便利な通信手段はなく、遠方の人と文字でやり取りするのは、手紙や年賀状がふつうでした。電車に乗るにも切符を買って乗る時代で、Suicaのような便利な手段はありませんでした。コンビニでも現金で払うのがふつうで、電子決済のような手段はありませんでした。とくに、ここ数年の変化は目まぐるしいものがあります。では、これから先、このテクノロジーをどうとらえるのが正解なのでしょうか。

■テクノロジーの変化に適応する

新しいテクノロジーを、**好奇心を持って採用する**か、**自分にとってのメリットがわかってから採用する**か、**必要に迫られて採用する**か、**かたくなに拒《こば》み続ける**かという立ち位置の違いが人によってあります。私は、恥ずかしながら**必要に迫られて採用する**ほうなので、テクノロジーに対する適応においては偉そうなことはいえません。それでも**かたくなに拒み続ける**ことは、今の時代において確実にマイナスが生じてしまいます。**テクノロジーに対して、できる限り前向きに向き合う**ことで時代に適応することは大事なことでしょう。

■社会の変化に適応する

今まで挙げてきたテクノロジー以上に、**社会そのものも大きく変化**しています。私が生まれ育った時代は、男性が外で働き、女性が専業主婦として家事や育児を担当するのが、家族としての一般的な形でした。現在では、共働きが増えて、女性も働く家庭が多くなりました。今までは**男性の主たる役割であった労働を男性と女性で分業するのだから、男性**

も家事と育児をできなければ、家庭は成り立ちません。もはや、料理は女性だけができればよいものではありません。掃除や片づけも女性だけがやるものではないし、育児に関しても女性だけの役割ではありません。**男性も、当たり前のように料理をして、掃除や片づけをして、育児をしなければなりません。**それが、**今の社会への適応**なのです。

■ 環境の変化に適応する

環境も、私が子どものころとは大きく変化しています。**異常気象が相次ぎ、夏の猛暑日は数えきれないくらい多くなりました。日本の多くの地域で、夏の夜間はクーラーをつけっぱなしにしないと誰しも熱中症になる可能性のある時代**です。冷房はのどを痛めるので、ドライ（除湿）をつけて夏の間はやり過ごします。夏の屋外プールは、熱中症の危険をつねに伴う危ない場所になってしまいました。近年の紫外線の強さは異常なので、ほとんど気にしていなかった私も、ラッシュガードを着たり、日焼け止めを塗るなど、海に入るときは気をつけるようになりました。女性が外を歩くときは、多くの人が日傘をさしています。男性用の日傘も売っているので、私もそろそろ購入して使用しようかと考えています。**従来はやらなかったことを、時代の変化に合わせてやるようになることこそ適応**なのです。

夏の暑さに加えて、雨や台風による被害も、ここ数年で非常に多くなりました。**住む場所を考える際に、水害を無視しては生活の拠点を決められない時代**になってしまいました。どのような場所に住んでいようとも、台風が来たときにはつねにニュースの警報を確認しながらの行動が必要です。

私自身、適応力に自信があるとは断言できませんが、それでも**ここ数年のめまぐるしい変化に必死で対応してきたつもり**です。仕事自体も、１対１や１対２で授業をする家庭教師や個別指導から、20人前後の塾での授業、１００名前後の予備校での授業、そしてカメラに向かって講義を行う映像授業と、ずっと手探りの中、その変化に適応する日々でした。本の執筆についても、英語に関連する書籍を何冊も執筆してきて、今は英語とまったく関係のない書籍も執筆するようになりました。その他にも多くの変化が生まれ続けており、それに適応する日々です。では、これからの時代の変化に適応するには、どのような力が必要なのでしょうか。

■ みずから積極的に変わっていく

日々同じことしかしていないと、どんどん適応力がなくなってしまいます。毎日同じ人と付き合い、同じ音楽を聴いて、同じ場所で生活をするという繰り返しでは、変化に適応できなくなってしまいます。**違う場所に住み、今まで付き合ってきたのとは異なる人たちとも交流して、旅先は違う場所に行きます。**そうすることで、**未知のものに対処する方法を学び、自分の知識や感性をアップデートしていきます。**10代の皆さんであれば、大学や専門学校などへの進学とともに地元を離れてみます。高校までの友人たちとは異なる人たちと知り合って、積極的に変化を受け入れていきます。そうすることで、どんどん視野が広がり、価値観も多様になってきます。社会人になって働きだしたら、適当なタイミングで別の職場に移ることを検討するのもよいでしょう。

■ 変化に適応するのに必要なのは、予測する力

まずは、**事前にその変化に対してどのような備えが必要なのかを考えて準備します。**

もっとも、**事前にできることには限界があることを知ったうえで、その変化のさなかのイレギュラーを想定しておくことが重要**になります。その内容を知ることは無理なので、**イレギュラーが起こることを前提とし、すべての工程にあえて余裕をもって計画を立てます。**そうして、次に生じる事象に、適切な対応をしていきます。

■「強い者、賢い者が生き残るのではない。変化できる者が生き残るのだ」

これは、イギリスの哲学者であるスペンサーが提唱し、進化論で有名なダーウィンが『種の起源』で用いた言葉で、「**適者生存《てきしゃせいぞん》の法則**」といわれています。**これから生きていくうえで最も重要なのは、強くなること、賢くなることではありません。変化できることが一番重要なのです。**

まとめ

激変の時代に必要なのは、適応力。強くなること、賢くなることをめざすのではなくて、変化できることをめざそう。

第10章

豊かな人間関係をつくる

その28

10代の友人は、一生支えてくれる存在になる

10代を生きる人にとって、**友人関係はとても重要なもの**でしょう。私自身も、10代でつくった友人たちは宝物で、いくつになっても連絡を取り合います。たまに会っては学生時代にタイムスリップしたようで、心身ともに安らぎをくれる存在です。10代は、勉強に部活にやることがたくさんあるかもしれませんが、ぜひ友人たちとの時間も大切にしてください。10代で学んだ人間関係の築き方には、大人になっても役に立つことがたくさんあります。

■10代の友人は、まだ何者でもない人どうしのつながり

10代の友人がなぜ貴重かというと、**お互いにまだ何者でもない人たちとのつながりだからです。ただ近くに住んでいたということと、純粋に気が合ったというつながりは、何よりも価値があります。**一方で、高校生や大学生になると、一定の選抜試験に合格してふる

いにかけられた人たちの集まりになるので、事情が変わってきます。会社に入って数年が経過したり、自分で起業をしたりすると、そこでできる人間関係は、仕事を通じての人間関係になります。そこですごく気の合う人間関係に恵まれることもありますが、何者かになってからの人間関係は、打算的な関係や感情も含まれてしまうことがあります。

私にとっても中学の親友たちは本当に大切で、私が何者であってもなくても、ずっと友人でいてくれる存在です。その親友たちの半分は大学に行っていません。彼らは、大学で出会った友人たちとは異なる職種に就《つ》き、異なる人生のルートをたどっています。**彼らのおかげで、どれだけ視野が広がって、多様性のある価値観を与えてくれたかに感謝する**日々です。私の仕事は、大学受験の指導ですが、決して大学がすべてではないし、それ以外にもたくさんの世界があることを、実体験で知っています。

■友人関係も、失敗して、反省して、修正して、成長する

友人関係にも、たくさんの学ぶべきことがあります。誰かにひどいことをいってしまった、誰かを傷つけた、誰かと喧嘩《けんか》した。そんなときは、反省して、もう二度とそういうひ

どいことはしないと誓《ちか》います。そして、**間違いを犯したときは、素直に謝ります。いくつになっても素直に謝ることは大切**で、大人になってもその姿勢は円滑な人間関係をつくるのに役立ちます。大事なのは学習する力で、一度間違えたら、同じ間違いを繰り返さないことです。

■ さえない時期にこそ親友ができる

これも覚えておいてほしいのが、**さえない時期にこそ、一生の付き合いになる友人ができることがあります**。つらい時期に苦楽《くらく》を共にしたきずなは消えることはありません。そういう時代の友人たちは、何かあったら必ず助けてくれる心強い存在になります。私自身も、中学時代、浪人時代、大学時代、社会人になりたてのころなどはさえない日々を送っていましたが、これらの**さえない時代こそ一生の親友がつくれる**と思います。

■ 地元の友人の存在が、がんばる原動力になる

19歳で札幌から東京に出てきてから、長い歳月が経《た》ちました。何もかもうまくいかない

ときも、つねに地元の友人たちの存在が心の支えになりました。東京で何かをしないと、おめおめと地元に帰れない。何もしないで東京から札幌に戻ることはできない。そんな意地がありつつも、**札幌の友人たちは、どんな自分でも受け入れてくれるという安心感をつねに与えてくれる存在**でした。自分の帰る場所、そして温かく迎え入れてくれる場所があることは、自分にとっての心のよりどころになってくれました。

まとめ

10代の友達は一生自分を支えてくれる存在になる。まだ何者でもないどうしの関係は10代特有の大切なものだと覚えておこう。

その29

10代の恋愛は、将来につながる財産になる

10代で、恋愛も全力で楽しむことをおすすめします。高校生になると、人によっては大学受験があります。しかし、**「受験が終わるまで我慢」などと言っていたら、いつの間にか我慢の連続の人生になってしまい、今を楽しむことができなくなります。**

■ 楽しみをあとにとっておく力

今、目の前にある誘惑に惑わされず、楽しみをあとにとっておく力はとても大切です。その自制心は、自分を危険な場所から遠ざけて、正しい方向へと導いてくれます。何より、**目の前の快楽におぼれずに自制することで、他の人にはできない大きなことを成し遂げられること**があります。けれども、それがすべてではありません。

■今を楽しむ力

今、この瞬間を楽しむ力も、同時に大切です。小学生、中学生や高校生の時期というのは、二度と経験することのできない時間です。たとえば、この時期の好きな人との付き合いは、お互い未熟なものですが、10代のときだからこそ経験できる大切なものです。お互いに門限があったり、学校帰りに制服姿で会ったりするなど、そんなにお金をかけないで好きな人との付き合いを楽しめる貴重な時間になります。

■10代を勉強だけで終わらせてはいけない

あくまで私の考えですが、**10代を勉強だけで終わらせてほしくない**と思います。それは、**大人になっても仕事しかせずに家庭をいっさい顧《かえり》みない姿勢につながってしまいます。**人生というのは、どんな偉業であっても、豊かな人間関係に勝るものはありません。勉強も部活も、友情も、恋愛も10代でおおいに楽しむことをおすすめします。

■ 受験の時期に好きな人ができたらどうするか？

10代で恋愛もおおいに楽しんだらよいというのが私の意見です。しかし、「**大学受験を目前に控えた1年で、好きな人ができたらどうするか？**」という問題はなかなか難しいものです。実際に、生徒の悩みでこの手の相談を何度も受けてきました。答えは、**自分で決めた道が正解**になります。

■ 正解主義ではなく納得解を探す

受験勉強やテストのようなものは、いわゆる正解のある問いです。一方で、**社会に出ると正解のない問題にたくさん出合う**ことになります。社会に出てから必要なのは、正解のない問いに対して**その場での納得解を導く力**です。「**受験期に好きな人ができたらどうするか？**」というのも、**いわゆる正解のない問い**です。**受験勉強にマイナスになるから今は我慢して付き合わないという答え**もよいでしょう。一方で、**今の自分の気持ちを大切にして、好きな人と付き合うという答え**も、**どちらも自分が導き出した納得解であれば、正解**

になります。

ここまで、10代での恋愛経験をすすめてきましたが、中学、高校と好きな人と付き合ったことのない人たちもいることでしょう。では、**片思いやふられたことしかない場合はどうなのでしょうか。**

■ ふられた経験も立派な恋愛経験の１つ

私も昔は勘違いしていましたが、**付き合うことだけが恋愛ではありません。片思いも立派な恋愛ですし、告白してふられた経験も立派な恋愛の一部**です。とくに、ふられたことのない人などいないのだから、**10代のときに勇気を振り絞って告白した経験は、貴重な財産になります。**

■ 恋愛の全体像

①　誰かを好きになる

↓
②　相手に気持ちを伝える
↓
③　付き合う　or　ふられる
↓
④　付き合いが続く　or　別れる

これが恋愛の全体像です。①の段階なら片思いの状態でも立派な恋愛だし、②の相手に気持ちを伝えられたら、さらに大きな進歩です。そこから先の③や④は相手次第のことです。たとえふられたとしても、自分にできることは十分にやったと胸を張ってください。

■ 10代でふられた経験が何になるのか？

私自身の話をすると、10代で好きな人に告白したことも、告白されたことも、お付き合いしたこともあります。そして、**好きな人に告白してふられたこともあります**。ふられた直後は生きた心地がせず、ベッドでひたすら眠ることしかできません。翌朝目覚めても、学校に行くのがなんて苦痛なのだろうと感じながら、かろうじて学校までたどりつきます。告白してふられた相手が同じクラスなら、さらに生きた心地はせず、相手に近づくことも目を合わせることもままなりません。そのときはこの世の終わりのような気持ちになっても、１年もしたら、同級生との笑い話に変えられます。10年後には、当時の旧友たちとの話のネタになります。**ふられた回数が多いほど、人に優しくできる**ようになります。

■ 10代での恋愛経験が先につながる

好きな人との関係というのは、これから先もずっと続く問題です。入試問題のような正解があるわけではないので、ある意味でいっそう難しい問題です。**10代での恋愛経験で得た学びは、必ずや将来のパートナーとの幸福な関係につながります。**だから、**今を楽しむことを忘れないでください。**

まとめ

10代の恋愛経験は、将来につながる財産になる。片思いも、ふられた経験も立派な恋愛の一部。今を楽しむことを忘れずに。

その
30

推《お》し活のすすめ

ここまで、「10代で友人関係や恋愛も楽しんでください」というメッセージを伝えてきました。一方で、友人関係を築くのが苦手だったり、そもそも異性と接する機会がなかったりする人もいるでしょう。あるいは異性と話すのが苦手で告白なんてとてもじゃないけどできない人もいることと思います。そんな方におすすめなのが、**推し活**です。推し活とは、**自分の好きなアイドルや歌手を、そのグループの中でも人気になるように応援する行為**です。好きであれば、アイドルでも歌手でなくても誰でもよいのです。スポーツ選手でもよいし、好きなYouTuberでもよいし、格闘家やプロレスラーでもよいのです。**人とかかわるのが苦手であっても、テレビ越しに芸能人やスターを応援することならできるはず**です。私にも、もう10年来の推しがいます。

■リオネル・メッシ

スペインのFCバルセロナ（以下バルセロナ）、そのあとにフランスのパリ・サンジェルマンFC、アメリカのインテル・マイアミCFなどのチームを渡り歩いてきた、アルゼンチン代表のサッカー選手です。

■サッカーはチームではなくて、選手が好き

確かに、日本代表など、ほぼ無条件で好きなチームもあります。国レベルでいうと、オランダ代表やアルゼンチン代表は昔からずっと好きです。Jリーグでは名古屋グランパスやヴィッセル神戸とか、海外ではスペインのバルセロナなどが好きです。

しかし、やっぱり三浦知良《かずよし》選手や中村俊輔《しゅんすけ》選手、本田圭佑選手がいたころの日本代表が断トツで好きです。ドラガン・ストイコビッチ選手がいたころの名古屋グランパスや、アンドレス・イニエスタ選手がいたころのヴィッセル神戸などが好きです。しかし、それら

の選手がいなくなると、昔ほどの情熱を注ぐことができなくなります。

■推し活は、自分以外の人生を味わうことができる

私は昔から、偉人の伝記を読むのが大好きでしたが、その理由は**自分以外の人生を疑似《ぎじ》体験《たいけん》できるから**だったのかと思います。推し活をおすすめできる理由の1つとしても、**自分以外の人生を味わうことができる**ことにあります。

たとえ自分の人生がうまくいっていなかったとしても、**推しの対象の活躍は自分事のように感じることができます。**私にとっては、リオネル・メッシというサッカー選手が描いた軌跡《きせき》を追体験《ついたいけん》していくことは、実にかけがえのない時間でした。

■世界最高の選手でも、長年にわたり批判の的にされる

先に書いたように、メッシという選手は、世界最高の選手に贈られるバロンドールという賞を何度も受賞しています。所属していたチームのバルセロナでは、スペインリーグや

ヨーロッパ全チームで競い合うチャンピオンズリーグを何度も制覇しました。その反面、国を代表するアルゼンチン代表としては、所属クラブほどの活躍を見せられずに、**長年にわたって批判の対象となってきました。**

サッカーは完全なチームスポーツで、いかなるスーパースターでも、一人だけでチームを優勝に導くのは不可能です。11人プラスαの優秀な選手と、優秀な監督がいなければ勝ち進むことはできません。所属していたクラブのバルセロナでは、この2つの条件がそろっていたので頂点を極めることができました。しかし、代表チームにおいてはなかなかこの2つの条件がそろいませんでした。

2005年に代表デビューして以来長年にわたる批判を一蹴できたのは、2021年の南米一を決めるコパ・アメリカという大陸選手権大会での優勝でした。**世界最高の選手であるメッシですら、A代表で初タイトルをとるのに16年を要しています。**長年アルゼンチン代表に欠けていた優秀な監督をリオネル・スカローニが務めて、ゴールキーパーにエミリアーノ・マルティネス選手が現れたのが大きかったのでしょう。

■ 5回目のワールドカップで優勝を飾る

そして、最後と決めて臨んだ5回目のワールドカップで、アルゼンチン代表はとうとう優勝を果たします。優勝するまでの全試合を見ていた私にとっては、**このワールドカップ期間中の1か月は、まさに夢心地の時間でした。**ワールドカップの試合は、日本時間ではたいてい深夜に行われます。毎日眠くて仕方なかったのですが、そんな眠気を吹き飛ばしてくれるような活躍でした。これがメッシを代表チームで見られる最後かもしれないと、毎試合そういった覚悟で見ていました。

■ 推しの対象は誰でもよい

私が推し活の対象としていたのは、たまたまサッカー選手でしたが、その対象は誰であってもかまいません。アイドルでも、歌手でも、俳優でも、お笑い芸人でも、YouTuberでも、自分が好きで夢中になれるなら誰でもよいのです。**推しがいることで自分の人生に生きがいが生まれます。そして、自分の生活がさえなくても推しの活躍を自分のことのよ**

うに喜ぶことができます。推しの対象が同じ人たちとは、強いきずなで結ばれることもあるかもしれません。

■推し活の注意点

誰かの人生を疑似体験できて生きがいを与えてくれる推し活ですが、何点か注意が必要なこともあります。それは、**推しのために過度な金銭援助をしない**ことです。あなたが社会人になれば、自分のお金をどう使おうが基本的にはあなたの自由です。しかし、推しのために過度なお金を使うのはあまりよいとはいえません。私はメッシの活躍をテレビとスポーツニュースとYouTubeで見るだけなので、10年来の推し活でも、ほとんどお金は使っていません。それから、**推しが嫌がるような行動は控えることが大事**です。プライベートでも会おうとするとか、せっかくの推しに迷惑がかかるようなことをしては本末転倒なので、そこだけは覚えておいてください。

まとめ

推し活は、誰かの人生を疑似体験できる最高の経験。推しがいると、人生に生きがいができて、夢心地のような時間を味わうことができるのを覚えておこう。

第11章

心を満たす方法を知ろう

その31

漫画は疲れた心をいやしてくれる（10代におすすめの漫画　6選）

その昔は、漫画といえば子どもが読むものという固定観念がありました。しかし、**今や大人でも漫画を読んでいる人はたくさんいます**し、私も毎週漫画を読んでいます。実際に、最近の漫画の完成度は、ある意味で本や映画を上回る側面もあると思います。それこそ何年にも及ぶ伏線の回収など、他の娯楽作品では見たことがないほど壮大なストーリーの漫画があります。実際に、私も漫画に心救われたり、漫画を読んで心を動かされたりしたことがたくさんあります。

■本当に疲れ切ったときは漫画が一番おすすめ

本は活字を能動的に拾っていく分、集中力が必要で眠くなりやすいため、**本当に疲れて気力がほとんど残されていないときは、漫画がおすすめ**です。活字の量を減らしてイラストを主体に展開される漫画という媒体は、読みながら本当にリラックスできます。

■漫画から離れていた大学生のころ

かくいう私にも、漫画からしばらく離れていた時期がありました。大学1年生から4年生の3〜4年くらいのあいだです。小説、自己啓発本、自叙伝のようなものばかり読み漁《あさ》っていて、漫画には目もくれない時期がありました。

■「ダ・ヴィンチ」での『ONE PIECE』との出合い

本好きのための「ダ・ヴィンチ」（KADOKAWA）という雑誌があって、その昔、その雑誌の中で感動の名作ランキングが組まれていました。当時の記憶をさかのぼると、第3位が三浦綾子さんの『塩狩峠《しおかりとうげ》』（新潮文庫）、第2位がダニエル・キイスの『アルジャーノンに花束を』（ハヤカワ文庫NV）で、第1位がなんと、漫画の『ONE PIECE』（尾田栄一郎／ジャンプ・コミックス）だったのです。当時は衝撃を受けて、この感動の2冊を超えて、なぜ漫画があるのだろうかと不思議に思ったものです。しかも、1位にランクインしています。

しかし、それでも疑り深い私は、大学の親しい友人に、「お前、『ONE PIECE』って知っているか？　おもしろいらしいから、読んでみて」とメールします。返信は、「確かに『ONE PIECE』やべえわ。涙が止まんねえ」と返ってきます。「漫画で泣く？　いったい何なんだ？」とその当時疑問に思ったことを覚えています。当時は大学生で兄と同居していたので、兄に『ONE PIECE』の話題を振ってみます。すると、当時すでに社会人だった兄は、『ONE PIECE』の単行本を一気に20冊くらい買ってきてくれました。

■「ウソップ編」で心動かされて、「アーロンパーク編」で涙が止まらなくなる

準備万端になったところで、とうとう『ONE PIECE』を読み始めるわけですが、確かにページをめくる手が止まらなくなります。第2話でルフィがゾロと出会い、「ウソップ編」ではウソップ海賊団の解散式で心動かされます。ナミが仲間になる「アーロンパーク編」では、ベルメールさんとの別れのシーンで涙が止まらなくなります。これはすごいと。当時、本、映画、ドラマなどいろいろな媒体に触れていましたが、**漫画に対する**

見方があの瞬間に一気に変わりました。では、あくまで私の主観ですが、10代におすすめの漫画を6作紹介していきます。

■『ONE PIECE』（尾田栄一郎／ジャンプ・コミックス）

それこそ、私を数年ぶりに漫画に引き戻した『ONE PIECE』を最初におすすめしたいと思います。私も、いまだに雑誌の連載を毎週楽しみに読んでいます。もう20年以上、雑誌の発売日である月曜日は『ONE PIECE』に心励まされて、じつに清々しい1週間をスタートさせています。**どん底のような時代も、月曜日に読むことのできる『ONE PIECE』に何度心救われたかわかりません。**

■『SLAM DUNK』（井上雄彦／ジャンプ・コミックス）

これも、私と同世代の人で読んでいない人はいなかったというくらい大人気のバスケ漫画です。バスケットが素人の主人公・桜木花道が、ひとめぼれした赤木晴子のすすめでバスケットボールを始めるというストーリーです。安西先生の「**あきらめたらそこで試合終**

了ですよ……」」、桜木のチームメートである三井寿の「**バスケがしたいです……**」など、**数々の名言、名シーンを生み出しました。**部活動をやっている10代の人たちにとっては、**たとえ自分がやっているスポーツがバスケットボールでなくても、確実にやる気を上げてくれる漫画**になるでしょう。

■『ちはやふる』（末次由紀／講談社コミックスビーラブ）

正直なところ、少女漫画のようなカバーからは、手にとるのを少しためらいましたが、第1巻からぐいぐいと引き込まれました。競技かるたというスポーツには、全然なじみがなかったのですが、そういったマイナスをものともしないくらい、物語の中に引き込まれます。**この漫画を読んでいると、鳥肌が立つ瞬間が何度もあります。どの分野でもどの世界でも、自分が夢中になれるもので高みをめざす姿勢**は、本当に心が動かされます。10代のうちに読んで、自分が決めた道や世界で高みをめざしてがんばってください。

■『ドラゴンボール』（鳥山明／ジャンプ・コミックス）

私と同世代の人間にとっては、知らない人がいないくらい有名で、夢をたくさん与えてくれた漫画になります。『キャプテン翼』などと並んで世界中の人に読まれている作品です。７つ集めればどんな願いもかなうというドラゴンボールを探して、冒険の旅に出る設定です。天下一武道会、ピッコロ大魔王、サイヤ人であるベジータの地球襲来、そしてフリーザとの戦いなど、雑誌の発売が毎週楽しみで仕方なかった記憶があります。今の時代の10代の人たちが読んでも必ずはまると思うので、ぜひ手にとってみてください。

■『YAWARA！』（浦沢直樹／ビッグコミックス）

『YAWARA！』の作者である浦沢直樹さんの作品は、人生を豊かにしてくれる楽しいものばかりです。１つに絞り切れないくらい素晴らしい作品が多いのですが、「浦沢直樹ワールド」の入り口として10代の皆さんにぜひ読んでもらいたいのが、『YAWARA！』になります。

こわもての祖父・猪熊滋悟郎《いのくまじごろう》からの英才教育を受けて、並外れた柔道の才能を伸ばした主人公・猪熊柔《いのくまやわら》が、バルセロナオリンピックにて2階級制覇に挑《いど》むまでの過程を描いた作品です。ライバルとの関係、失踪《しっそう》した父親との関係、仲間との友情、恋愛の三角関係など、たくさんの人間関係が盛り込まれています。**最終巻は当然ハッピーエンドで、読む者すべてを幸せにしてくれるような素晴らしい作品**です。浦沢直樹さんの作品には、まだまだおもしろいものがありますが、ぜひ1冊目に『YAWARA!』を読んでみてください。

■『NARUTO―ナルト―』(岸本斉史/ジャンプ・コミックス)

どうしても、この作品を挙げたい気持ちをおさえられませんでした。『ONE PIECE』や『ドラゴンボール』と並んで、世界的に人気の作品です。ドジで才能のない主人公のうずまきナルトが、忍者の頂点をめざして仲間とともに努力を続ける物語です。忍術やライバルとの関係、恋愛関係など、多くの見どころがある作品ですが、**一番衝撃を受けたのが、1巻で張られた伏線が43巻で回収された瞬間**です。当時これを読んだときは、1週間くらい衝撃が収まりませんでした。この作品は、じつは**兄弟愛が一番のテーマ**だったのではないか、という気にさせられます。たくさんのテーマが物語の中に盛り込まれているので、10代のうちに読んでおきたい作品として挙げたいと思います。

まとめ

疲れたときでも、漫画は元気や感動を与えてくれる。日本の漫画は、大人が読んでも楽しくて世界に誇れるカルチャーであることを覚えておこう。

その32

本は心を満たしてくれる（10代におすすめの本　6選）

本を読むことで得られるものの1つに、新しい情報が手に入り知識が増えることが挙げられるでしょう。確かに、私も新しい情報を手に入れるために、本を読むことはあります。しかし、それ以上に、**本を読むことを通して心が豊かになること**が、読書で得られる一番の効用だと思います。

最近心が疲れている、何をやっても心が晴れないという方は、本を読むことが一番手っ取り早い解決策です。おもしろい本を読んでそれに没頭できると、ページをめくる手が止まらなくなります。かつ、他の趣味に比べると、本1冊の値段はしれているので、最も簡単に心を満たす方法の1つといえるでしょう。だから、趣味に読書を挙げられる人はいつも充実しているように思えます。

それでは、私の主観ではありますが、10代で読んでおきたい6作品を紹介していきます。

■**『夜のピクニック』（恩田陸《おんだりく》／新潮文庫）**

恩田陸さんが書いた本で、２００５年の本屋大賞を受賞した作品です。**本を読むと心が満たされるという現象をこれほど実現してくれる作品は他にないでしょう。読んだあと、必ずやあなたの心に高揚感や幸福感が広がっていきます。**高校生活最後を飾る「歩行祭」というイベントで、3年間、誰にもいえなかった秘密を抱えた2人の関係が、夜明けに近づくにつれて徐々に氷解《ひょうかい》していきます。読んだ後に、自分にとっての悩みも解消されていくようなさわやかさをもたらしてくれます。今回の執筆のためにあらためて読み直しても、ページをめくる手は止まらず、心がひたすら満たされていきました。10代のうちに読めたらとてもすてきだと思うし、10代を過ぎてもぜひ一度は読んでほしい名作です。

■『1リットルの涙 難病と闘い続ける少女亜也の日記』（木藤亜也／幻冬舎文庫）

脊髄小脳変性症《せきずいしょうのうへんせいしょう》という難病と闘う木藤亜也《きとうあや》さんの手記をまとめた1冊です。歩くこと、立ち上がること、話すこと、書くこと、食事をすることが徐々に難しくなり、1日中ベッドに寝たきりという状態に追い込まれて、5〜10年で亡くなる病気です。治療方法は存在せず、ただただ病気の進行を遅らせる運動療法しか存在しません。**10代という成長の真っただ中において、自分だけがそれとは逆行していく様子や心情を綴《つづ》った手記を読みながら、何度もあふれる涙をおさえるのに必死でした。**10代という多感な時期を生きているあなたにこそ読んでほしい1冊です。

■『君の膵臓《すいぞう》をたべたい』（住野よる／双葉文庫）

『1リットルの涙』と同様に、読んでいる途中であふれる涙をこらえるのが大変な作品です。それでも、**読み終えたあとには不思議な多幸感に包まれます。**この本は、恋愛小説の1種でも、恋愛関係を超えた2人の世界を映し出してくれます。『君の膵臓をたべたい』

という タイトルが持つ意味を、二重に理解できたときに、点と点が線になる感動を味わうことができます。単なる恋愛小説を超えて、「生きる」という意味を心に訴えかけてくれる1冊です。ぜひ、読んでみてください。

■『学年ビリのギャルが1年で偏差値を40上げて慶應大学に現役合格した話』（坪田信貴《つぼたのぶたか》／KADOKAWA）

この本は、受験指導という点では私の仕事と重なっているためか、すごいプロモーションがかけられているにもかかわらず、なかなか手を伸ばさなかった1冊でもあります。しかし、読んだあとにわかるのが、これは単なるサクセスストーリーではなくて、**家族愛の物語**だということです。**こんなすてきな親子関係があるのか**と、心打たれます。とくに、**主人公のさやかちゃんの母親の姿勢は、親のあり方に対する私の考えを一変させてくれるような印象的なものでした**。当然、勉強ができない落ちこぼれが慶應大学合格という奇跡を果たすサクセスストーリーとしても楽しめるので、ぜひ読んでみてください。受験勉強のやる気を引き出してくれる1冊としても、おすすめです。

■『秘密』（東野圭吾／文春文庫）

10代後半から20代にかけて、私が最もたくさん読んだのが、東野圭吾さんの作品です。どれを読んでも楽しくて、時間がたつのを忘れて、本の中に引き込まれます。一番を決めるのがじつに大変なくらい名作ぞろいですが、中でもいちおしはこの『秘密』です。

はじめて読んだときの感動を、20年たった今でも覚えています。20年ぶりに読み直してみて、当時の感動を再確認することができました。ボロボロ涙を流すような内容ではありません。けれども、**読んだあとに胸が締めつけられるような、切ないけれどじんわりと広がっていく心の充実感を味わうことができます。**作中で、タイトルにある『秘密』が何度か明かされますが、最後の〝秘密〟が明かされたときに間違いなく大きな感動を覚えます。

この『秘密』を10代の皆さんにおすすめしますが、1冊では語りつくせないほど大きな世界観を東野圭吾さんは見せてくれます。ぜひ、この作品をきっかけにして、東野圭吾さんの世界を味わってください。**東野圭吾さんの作品が、あなたの人生の一部になれば、そ**

れだけで人生が豊かになるような、素晴らしいものばかりです。

■『君たちはどう生きるか』(吉野源三郎《げんざぶろう》／岩波文庫)

近年、漫画化や映画化されて、とても注目されている作品の1つです。読んでいくにつれて驚いたのが、僭越《せんえつ》ながら、この本を書こうと思った動機ときわめて近い内容が記されていました。本書は、「**勉強も大事だけど、勉強以外に大事なこともたくさんある**」というのが原点です。『君たちはどう生きるか』は、まさに勉強以外の大切なことを学べる内容となっています。主人公に「**コペル君**」**というあだ名がつけられるきっかけになった出来事**や、**いじめ問題に端を発して真理を学ぶこと**、**人間分子の関係**、**網目《あみめ》の法則**など、世の中の真理が集約されているので、ぜひ10代のうちに読んでおきたい1冊になります。

まとめ

読書の醍醐味《だいごみ》は、一瞬で心を満たしてくれる最高の趣味になること。1冊の本が読んだ人の心の中に広げてくれる世界は、他には代えがたいものであることを覚えておこう。

その33

映画は想像力を高めてくれる（10代におすすめの映画　6選）

想像力を高めてくれるものとしておすすめなのが、**映画を観ることです**。映画館なら、最近は、3Dや4Dなど大変技術が進んでおり、**非日常の空間に連れて行ってくれる**ので、よりおすすめです。

私自身が映画の素晴らしさに目覚めたのは、小学生のときでした。父親と兄とはじめて映画館で『**インディ・ジョーンズ　最後の聖戦**』を観たときは、こんなにすごいものがあるのだと興奮冷めやらなかった記憶があります。そこから、テレビの「金曜ロードショー」、「ゴールデン洋画劇場」、「日曜洋画劇場」などで、おもしろい映画を録画して観ることの繰り返しでした。

■ 映画は想像力を高めてくれる

映画から受ける最大の恩恵《おんけい》は、**想像力を高めてくれることだ**と思います。**つめ込み勉強で失われがちな想像力や空想力を映画はもたらしてくれます。**幼いときに映画がもたらしてくれた想像力は、いまだに自分の中に深く根を張っています。**年を重ねても、自分の世界を広げようという気持ちや、わくわくするような未来を想像する力がいっこうに衰えないのは、幼少期からたくさん観てきた映画の影響が強い**と思われます。

■ 映画は人と人をつなげてくれる

映画の影響を強く受けてきた私ですが、**映画は人と人をつなげてくれる働き**もたくさんしてくれたように思えます。幼いときは、父親がたくさん映画館に連れて行ってくれました。休みなどほとんどとらずに働きづめの父でしたが、私たち家族と触れ合う時間もたくさんとってくれました。寂しいという感情を抱いたことが一度もなかったので、恵まれた幼少期を過ごせたのでしょう。

中学に入ったころから、少しずつ父親と映画に行くのが恥ずかしくなる時期が到来しました。そんなときも何もいわずに身を引いてくれた父には、やはり感謝の念が尽きません。高校生、大学生になると、今度は女友達や、お付き合いしていた女性とたくさん映画を観に行きました。デートといえば映画が定番で、**やはりおもしろい映画を一緒に観ると、仲がいっそうよくなった**思い出があります。

■ 映画はその当時の記憶と結びつく

映画は音楽と同様に、作品とそれを観たときの記憶を結びつけてくれます。誰かと一緒に行くことが多いですが、**一人で行っても極上のエンターテインメント**です。実際に、一人で映画を観に来ている人たちもたくさんいて、**一人で観た映画も、それはそれで記憶に残ります。**一緒に映画を観てくれる人がいない時期に観た映画もよいもので、**一人旅と同様に、孤独を乗り越えて進んだ先にほんの少しの自信をもたらしてくれます。**

では、10代の皆さんにおすすめの映画6作品を紹介していきます。正直、6つに絞り切れないくらいおすすめがたくさんありますが、ここではおすすめの中でも特別な作品を6つ挙げていきます。

■『バック・トゥ・ザ・フューチャー』シリーズ

私にとっては、これに触れずに、映画を語ることなかれというくらい大好きな作品です。間違いなく、一番観ている映画です。もう**想像力と夢の結晶のような作品**です。その昔は、毎年正月の三《さん》が日《にち》で、全3作を恒例行事のように観ていたほどです。このテーマ曲を聴いた瞬間に、一番映画を観ていた10～20代のころにタイムスリップするようで、何度聴いても鳥肌が立ちます。最高におもしろいので、ぜひ観てください。

■『パッチ・アダムス　トゥルー・ストーリー』

これも、10代のうちにぜひ観てもらいたい映画の1つです。実際に、これを観て医師の道を志したという人の話も聞いたことがあります。「**患者を救うことで、自分の心も救われる**」という経験をした主人公のパッチ・アダムスは、医師の道を志すことになります。

しかし、従来の医療のあり方に疑問を抱いた彼は、**患者とコミュニケーションをとり、笑いとユーモアを治療に取り入れます。**小児病棟で子どもたちと触れ合うことで子どもが元気になっていくシーンや、高齢者を笑わせることで元気を取り戻していくシーンなどは、どれも目頭《めがしら》が熱くなります。ラストに近づいたシーンで、周りの学生がスタンディングオベーションを送るシーンは、思わず自分も立ち上がって拍手を送りたくなるほどです。たとえ医師の道に進まなくても、**人と人が心を通じ合わせること、ユーモア、笑いは心を救えること**、こういったことを学べる、実話に基づいた、感動の映画です。

■『ペイ・フォワード　可能の王国』

ある少年が、学校の社会科の授業で次の課題を言い渡されます。「あなたが世界を変えられるとしたら、何がある？」という課題です。その少年が出した答えは、「**自分が受けた恩を3人の人に送る。そして、それを受けた人たちも、次の3人に恩を送る。**そうすれば、良いことがめぐって世の中を変えられる」という内容でした。

私は、この映画を観てはじめて「**恩送り**」という言葉を知りました。「恩返し」は誰しも聞いたことがある言葉だと思います。何かありがたいことをしてくれた人に恩をお返しすることです。しかし、これでは2人の間だけで、その善意は終わってしまいます。**受けた恩を相手に返すのではなくて、次の人に送る**のです。そうすることで、善意が世の中を駆けめぐります。

アメリカのとある地域のコーヒーショップで、実際にこの「恩送り」が行われました。ある日、一人の少し変わったお客さんがやって来ました。その客は、自分のコーヒーを飲み終えてから１００ドル札を置いて、こう言います。「このお金がなくなるまでずっと、ここに来るお客さんのコーヒー代をごちそうしたい」

あとから来たお客さんたちは、みなただでコーヒーを飲めることに驚きます。「前に来たお客さんが、皆さんの分も払ってくれました」と、店員は説明します。このうわさは次々と広まり、ほとんどの人が、次にやって来る他の客のコーヒー代として、お金を置いていきました。

日本では、どうしても見ず知らずの人に何かをするのはためらわれる風潮があります。

けれど、**自分の身内以外にもう少し自分が奉仕できる範囲を広げられたら、それは自分の心が広がったことを意味する**と思います。この「恩送り」を実践してみると、きっと自分にもめぐりめぐって良いことが返ってくると思います。自分のやれる範囲で実践してみてください。

■『タイタニック』

この映画は、私と近い世代の人では見たことのない人がいないくらい大ヒットした作品の1つです。豪華客船タイタニック号の沈没を描いたパニックムービーです。もっとも、それ以上に**自由を謳歌《おうか》する貧しい男と、親に決められた生き方に窮屈《きゅうくつ》さを感じる上流階級の娘の身分違いの恋を描く恋愛ストーリー**に心打たれます。

私がはじめて観たのは大学生になってからでしたが、今でもセリーヌ・ディオンの主題歌を聴くと、この映画の情景がはっきりと思い浮かびます。劇場ではやっていたときは受験生で行けませんでした。大学に受かってから晴れてこの映画を観ることができたので、そんな当時の記憶もよみがえります。10代のうちに観るべき恋愛ストーリーの映画の1つとしておすすめします。

■『天空の城ラピュタ』

近年、**『君の名は。』**に代表されるように、日本のアニメーション映画は世界的に人気のようです。確かに、私も『君の名は。』を観に行きましたが、映像美、音楽、ストーリー、作画、いずれも最高峰のレベルで、本当に感動しました。音楽が絶妙なタイミングでかかることで、まるでコンサートに来ているような感覚にもさせられました。

そんな日本のアニメーション映画の代表ともいえるのが、宮﨑駿《はやお》監督などで有名なスタジオジブリの作品でしょう。なかでもおすすめなのが『天空の城ラピュタ』です。地上波で放映されると、みながX（旧Twitter）で「バルス」と唱えることで毎回ネットニュースになる作品です。

私がこの作品をはじめて観たのは大人になってからですが、**観始めた途端に、とてもおもしろいので、今まで観なかったことを後悔しました。**スタジオジブリにはこれ以外にも素晴らしい作品がたくさんあるので、まずは１本目に『天空の城ラピュタ』を観ることをおすすめします。

■『この世界の片隅に』

日本に生きる私たちが、決して忘れてはならないのが、**日本は世界で唯一の被爆国《ひばくこく》である**ことです。１９４５年8月6日に広島、その3日後に長崎に原子爆弾が投下されました。多くの犠牲者を出したこの悲惨な事実を認識して、何らかの手段で次の世代に伝えていかなければなりません。そして、同じ過ちを繰り返さぬように、国内のみならず世界にも訴えていかなければいけません。それが、日本人のアイデンティティとしても大事なことだと思います。

『この世界の片隅に』は、**戦時中に、大切な家族を失い、大好きな絵を描く右手も失い、それでも懸命に生きる一人の女性を中心に描かれた作品**です。すべて観終わったあとは、しばらく動けずに、いろいろなことを考えさせられました。**テクノロジーで世の中は進化して物質的な豊かさを手にした一方で、私たちが失った豊かさも対照的に映し出してくれ**

ます。ぜひ、10代のうちにこの映画を観て、自分の次の世代にも、何らかの方法で核の恐ろしさ、戦争の悲惨さを伝えていってください。

まとめ

映画は想像力を高めてくれる。映画は、人と人とをつなぎ、そのときの記憶と作品を結びつけてくれる極上のエンターテインメント。

おわりに

本書を最後まで読んでいただき、誠にありがとうございました。本書の内容は、自分自身の経験、周囲の経験から、そして10代の子と向き合った多くの経験から学んだことを書かせていただきました。

本書で「**多様性**」という考えを紹介しましたが、何もみんなが東京大学をめざさなくてもよいし、ハーバード大やスタンフォード大をめざさなくてもよいと思います。みんなが偉人や成功者をめざさなくてもよいのです。

その代わりに、**誰もが豊かな人生を送ることはできる**し、**豊かな人生を送る権利があります**。**豊かな人生**は、勉強ができる、仕事ができる、お金をたくさん稼げるだけでは、かなえられないものです。**豊かな人生とは、自分の心が満たされて、豊かな人間関係に恵まれた人生です**。

この本を読んでくれたあなたも、本書の33のヒントのすべてを実行する必要はありません。**どれか1つでも実行に移すことができたら、必ずや、以前よりも豊かな人生になっていくこと**でしょう。本書を手にとってくれたあなたの人生が、少しでも豊かなものになることをお祈りします。

肘井　学

デザイン　山之口正和＋齋藤友貴（OKIKATA）
カバーイラスト　じろ
DTP　ニッタプリントサービス
校正　麦秋アートセンター、友人社

肘井《ひじい》 学《がく》
慶應義塾大学文学部英米文学専攻卒業。さまざまな予備校の教壇に立ち、現在はリクルート運営のネット講義サービス「スタディサプリ」で講師を務める。その授業は、高校生から英語を学び直す社会人まで、圧倒的な満足度を誇る。とくに、「英文読解」の講座は年間約25万人が受講する盛況ぶり。また、全国各地の高校で講演活動も行なう。著書に、『改訂版 大学入試 肘井学の ゼロから英文法が面白いほどわかる本』『大学入試 肘井学の 読解のための英文法が面白いほどわかる本 必修編』（KADOKAWA）などがある。

10代《だい》のきみに読《よ》んでほしい人生《じんせい》の教科書《きょうかしょ》
豊《ゆた》かに生《い》きるための33のヒント

2024年3月4日　初版発行

著　者　肘井学《ひじいがく》
発行者　山下 直久
発　行　株式会社 KADOKAWA
〒102-8177　東京都千代田区富士見2-13-3
電話 0570-002-301（ナビダイヤル）
印刷所　大日本印刷株式会社
製本所　大日本印刷株式会社

●お問い合わせ
https://www.kadokawa.co.jp/（「お問い合わせ」へお進みください）
※内容によっては、お答えできない場合があります。
※サポートは日本国内のみとさせていただきます。
※ Japanese text only

定価はカバーに表示してあります。

ISBN 978-4-04-606611-4　C0037